大数据时代推进企业财务管理创新研究

夏娟　蔺超　程承◎著

中国出版集团　现代出版社

图书在版编目（CIP）数据

大数据时代推进企业财务管理创新研究 / 夏娟，蔺
超，程承著. -- 北京 ：现代出版社，2022.4
ISBN 978-7-5143-9884-7

Ⅰ．①大… Ⅱ．①夏… ②蔺… ③程… Ⅲ．①企业管
理－财务管理－研究 Ⅳ．①F275

中国版本图书馆CIP数据核字(2022)第055751号

大数据时代推进企业财务管理创新研究

作　　者	夏 娟 蔺 超 程 承	
责任编辑	田静华	
出版发行	现代出版社	
地　　址	北京市朝阳区安外安华里504 号	
邮　　编	100011	
电　　话	010-64267325　64245264(传真)	
网　　址	www.1980xd.com	
电子邮箱	xiandai@vip.sina.com	
印　　刷	北京四海锦诚印刷技术有限公司	
版　　次	2023 年 5 月第 1 版 2023 年 5 月第 1 次印刷	
开　　本	185 mm×260 mm　1/16	
印　　张	9.5	
字　　数	225 千字	
书　　号	ISBN 978-7-5143-9884-7	
定　　价	58.00 元	

前　言

　　大数据时代的到来在为企业提供工作便利和效率的同时，对企业财务管理的发展也提出了严峻的考验，企业财务管理方面的变革是适应时代发展的重要表现，也是企业发展的内在活力和原动力。然而任何改革都不是一蹴而就的，需要在前进过程中不断地反复探索，经过科学的分析和总结，最终实现质的飞跃。所以企业在现阶段的发展过程中既要看到大数据时代带来的挑战，也要抓住这一机遇进行财务管理的深刻改革，以适应未来多变的社会发展环境。

　　本书围绕大数据背景下的现代企业财务管理展开研究，充分体现出本书的科学性、系统性、全面性、实用性等特点。本书结构上共设置六章：第一章主要对现代企业财务管理的基础理论进行分析，内容包括现代企业财务管理的界定、现代企业财务管理的目标、现代企业财务管理的环境、现代企业财务管理的价值观念；第二章围绕大数据引领现代企业财务管理变革进行研究，内容涉及信息时代背景分析、大数据基础及发展战略、大数据对财务管理的影响、大数据下的云会计应用与推广；第三章主要论述现代企业预算的编制、现代企业预算的执行与考核、大数据背景下现代企业全面预算管理；第四章以大数据背景下现代企业筹资管理展开论述，着重分析现代企业筹资及渠道、现代企业筹资的方式选择、现代企业筹资的资本结构以及基于云会计的现代企业筹资管理；第五、六章围绕大数据背景下现代企业投资决策管理、大数据背景下现代企业财务管理的创新进行论述。

　　全书一方面内容布局、逻辑结构合理，试图突出理论上的创新；另一方面注重理论与实践的结合，使读者能够从理论上获得指导。

　　本书的撰写得到了许多专家学者的指导和帮助，在此表示诚挚的谢意。由于笔者水平有限，加之时间仓促，书中有不尽如人意处在所难免，欢迎各位积极批评指正，笔者会在日后进行修改，以飨读者。

目　录

第一章 现代企业财务管理的基础理论

第一节 现代企业财务管理的界定

财务管理是企业管理的一部分，企业财务管理是组织企业财务活动、处理财务关系的一项综合性的经济管理工作。企业要想在充满竞争的环境中生存、发展、获利，就必须要加强自身的财务管理，实践表明财务管理是企业管理的中心。一个企业所做的每一个决定都有其财务上的含义，而任何一个对企业财务状况产生影响的决定就是该企业的财务决策。因此，从广义上讲，一个企业所做的任何事情都属于财务管理的范畴。

一、企业财务与财务管理的定义

（一）什么是企业财务

财务源于公有财产日渐稀少，私有财产观念萌芽的出现，是伴随着商品货币的产生而产生，并随着市场经济的发展而发展的重要经济范畴。

"财务"一词是19世纪从西方引入我国，原词为finance，也译为"金融"。财务是组织财务活动处理财务关系的统称。企业财务是企业在再生产过程中客观存在的企业财务活动及其所体现的经济利益关系的总称。财务活动是通过资金运动体现出来的，它的基本构成要素是投入和运用着的企业资金。资金是财产物资价值的货币表现（包括货币本身）。资金要素能够反映运动着的价值，其实质是在生产过程中运动着的价值。

资金的特点包括：①垫支性。即预付性，资金首先表现为资本的垫支，垫支是交换并实现价值形态转化的前提，资金的垫支性赋予了对资本保值的要求。②物质性。资金以资产为价值载体，资产是企业的生产经营要素，要求资金在各种资产形态中同时存在并合理分布。③增值性。资金循环与周转的根本目的是价值增值，资本增值是资本所有权对资本使用权的根本要求。④周转性。资金必须通过运动才能增值，资金的运动过程就是资本价值形态的转换过程，这就要求保持资金形态的依次继起和流动性。⑤独立性。价值是资金运动的主体，资金的独立性意味着企业资金运动有一个完整的运动过程，可能会脱离企业物资运动而相对独立存在并运行。

在市场经济条件下，产品依然是使用价值和价值的统一体。企业再生产过程通常具有两重性，它既是使用价值的生产和交换过程，又是价值的形成和实现过程。在这个过程中，劳动者将生产中消耗掉的生产资料的价值转移到产品中去，并创造出新的价值，通过实物商品的出售，使转移价值和新创造的价值得以实现。一切经过劳动加工创造出来的物质资源都具有一定的价值，它既包括物化劳动耗费的货币表现，又包括活劳动耗费的货币表现。

在再生产过程中，物质资源价值的货币表现就是资金，企业在从事生产经营活动的同时，客观上必然存在着资金及其资金运动。企业的目标就是要不断创造价值。在价值创造过程中，存在着两种不同性质的资金运动：一种是以实物商品为对象的实物商品资金运动。在企业的商品资金运动过程中，现金资产转化为非现金资产，非现金资产转化为现金资产，这种周而复始的流转过程无始无终、不断循环，形成实物商品的资金运动。另一种是以金融商品为对象的金融商品运动。金融商品可狭义地理解为各种能在金融市场反复买卖，并有市场价格的有价证券。企业买卖金融商品的过程是不断进行、周而复始的，形成金融商品的资金运动。在企业的实物商品与金融商品的资金运动过程中，必然体现为一种价值运动，这种价值运动称为"资金运动"。

（二）什么是企业财务管理

企业财务管理是企业组织财务活动、处理财务关系的一项经济管理工作。企业财务管理是公司管理的一个重要组成部分，是社会经济发展到一定阶段的产物①。

财务按照财务活动的不同层面可以分为三大领域：①宏观领域中通过政府财政和金融市场进行的现金资源的配置。现金资源的财政配置属于财政学的范畴，现金资源的市场配置通过金融市场和金融中介来完成。②中观层面上的现金资源再配置，表现为现金资源的所有者的投资行为，属于投资学的范畴。投资学研究投资目的、投资工具、投资对象、投资策略等问题，投资机构为投资者提供投资分析、投资咨询、投资组合、代理投资等服务。③微观层面上的企业筹集、配置、运用现金资源开展营利性的经济活动，为企业创造价值并对创造的价值进行合理分配，形成企业的财务管理活动。

财务管理是基于企业生产经营过程中客观存在的财务活动和财务关系而产生的，它是利用价值形式对企业生产经营过程进行管理，是企业组织财务活动、处理财务关系的一项

---

① 南京晓庄学院经济与管理学院. 企业财务管理［M］. 南京：东南大学出版社，2017：1.

综合性的经济管理工作。财务管理工作内容复杂，只要有资金运动，就必然涉及财务管理的范畴。

企业财务管理集中于企业如何才能创造并保持价值，以达到既定的经营目标。企业的财务管理人员从资本市场为企业筹集资金，并把这些资金投入企业决定经营的项目中，变成企业的实物资产。通过有效的生产和经营，企业获得净现金流入量，并把其中一部分作为投资回报分给股东和债权人，而另一部分留给企业用于再投资，同时企业还要完成为国家缴纳税款的义务。资金在金融市场和企业之间的转换和流动正是财务管理所起的作用。在高度不确定的市场环境中，财务管理已成为现代企业经营管理的核心，关系到企业的生存和发展。财务管理人员只有把企业的筹资、投资和收益分配等决策做好，企业才能实现资产增值的最大化，才能有较强的生存和发展潜能。否则，企业将陷入财务困境，甚至有破产的风险。

1. 企业财务活动

企业财务活动是以现金收支为主的企业资金收支活动的总称，具体表现为企业在资金的筹集、投资及利润分配活动中引起的资金流入及流出。

（1）企业筹资引起的财务活动。企业从事经营活动，必须有资金。资金的取得是企业生存和发展的前提条件，也是资金运动和资本运作的起点。企业可以通过借款、发行股票等方式筹集资金，表现为企业资金的流入。企业偿还借款、支付利息、支付股利以及付出各种筹资费用等，表现为企业资金的流出。这些因为筹集资金而产生的资金收支，便是由企业筹资引起的财务活动。

企业需要多少资金、资金从哪来、以什么方式取得、资金的成本是多少、风险是否可控等一系列问题需要财务人员去解决。财务人员面对这些问题时，一方面要保证筹集的资金能满足企业经营与投资的需要，另一方面还要使筹资风险在企业的掌握之中，以免企业以后由于无法偿还债务而陷入破产境地。

（2）企业投资引起的财务活动。企业筹集到资金以后，使用这些资金以获取更多的价值增值，其活动即为投资活动，相应产生的资金收支便是由企业投资引起的财务活动。

投资活动包括对内投资及对外投资。对内投资主要是使用资金以购买原材料、机器设备、人力、知识产权等资产，自行组织经济活动方式获取经济收益。对外投资是使用资金购买其他企业的股票、债券或与其他企业联营等方式获取经济收益。

对内投资中，公司用于添置设备、厂房、无形资产等非流动资产的对内投资由于回收期较长，又称"对内长期投资"。对内长期投资通常形成企业的生产运营环境，形成企业经营的基础。企业必须利用这些生产运营环境，进行日常生产运营，组织生产产品或提供劳务，并将最终所产生产品或劳务变现才能收回投资。日常生产运营活动也是一种对内投资活动，这些投资活动主要形成了应收账款、存货等流动资产，资金回收期较短，故又被称为"对内短期投资"。

企业有哪些方案可以备选投资、投资的风险是否可接受、有限的资金如何尽可能有效地投放到最大报酬的项目上是财务人员在这类财务活动中要考虑的主要问题。财务人员面对这些问题时，一方面要注意将有限的资金尽可能有效地使用以提高投资效益，另一方面要注意投资风险与投资收益之间的权衡。

（3）企业利润分配引起的财务活动。从资金的来源看，企业的资金分为权益资本和债务资本两种。企业利用这两类资金进行投资运营，实现价值增值。这个价值增值扣除债务资本的报酬即利息之后若还有盈余，即为"企业利润总额"。我国相关法律法规规定企业实现的利润应依法缴纳企业所得税，缴纳所得税后的利润为税后利润又称为"净利润"。企业税后利润还要按照法律规定按以下顺序进行分配：①弥补企业以前年度亏损；②提取盈余公积；③提取公益金，用于支付职工福利设施的支出；④向企业所有者分配利润。这些活动即为利润分配引起的财务活动。

利润分配活动中尤为重要的是向企业所有者分配利润。企业需要制定合理的利润分配政策，相关政策既要考虑所有者近期的利益要求，又要考虑企业的长远发展，留下一定的利润用作扩大再生产。

财务活动的不同方面不是相互割裂、互不相关的，而是相互联系、互相依存的。因此，合理组织这些财务活动即构成了财务管理的基本内容，即筹资管理、投资管理及利润分配的管理三个方面。

2. 企业财务关系

企业在组织财务活动过程中与其利益相关者之间发生的经济关系即企业财务关系。在企业发展过程中，离不开各种利益相关者的投入或参与，比如股东、政府、债权人、雇员、消费者、供应商，甚至是社区居民。他们是企业的资源，对企业生产经营活动能够产生重大影响。企业要照顾到各利益相关者的利益才能使企业生产经营进入良性循环状态。

（1）企业与其所有者之间的财务关系。企业的所有者是指向企业投入股权资本的单位或个人。企业的所有者必须按照投资合同、协议、章程等的约定履行出资义务，及时提供企业生产经营必需的资金。企业利用所有者投入的资金组织运营，实现利润后，按出资比例或合同、章程的规定，向其所有者分配利润。企业同其所有者之间的财务关系体现着所有权的性质，反映着经营权和所有权的关系。

（2）企业与其债权人之间的财务关系。企业除利用所有者投入的资本金进行经营活动外，还会向债权人融入一定数量的资金以补充资本金的不足或降低企业资本成本。企业债权人是指那些对企业提供需偿还的资金的单位和个人，包括贷款债权人和商业债权人。贷款债权人是指给企业提供贷款的单位或个人；商业债权人是指以出售货物或劳务形式提供短期融资的单位或个人。企业利用债权人的资金后，对贷款债权人，要按约定还本付息；对商业债权人，要按约定时间支付本金，若约定有利息的，还应按约定支付利息。企业同其债权人之间体现的是债务与债权的关系。

（3）企业与其受资者之间的财务关系。企业投资除了对内投资以外，还会以购买股票或直接投资的形式向其他企业投出股权资金。企业按约定履行出资义务，不直接参与被投资企业的经营管理，但是会按出资比例参与被投资企业的利润及剩余财产的分配。被投资企业即为受资者，企业同其受资者之间的财务关系体现的是所有权与经营权的关系。

（4）企业与其债务人之间的财务关系。企业经营过程中，可能会有闲置资金。为有效利用资金，企业会去购买其他企业的债券或向其他企业提供借款以获取更多利息收益。另外，在激烈的市场竞争环境下，企业会采用赊销方式促进销售，形成应收账款，这实质上相当于企业借给购货企业一笔资金。这两种情况下，借出资金的企业为债权人，接受资金的企业即债务人。企业将资金借出后，有权要求其债务人按约定的条件支付利息和归还本金。企业同其债务人的关系体现的是债权与债务关系。

（5）企业与国家之间的财务关系。国家作为社会管理者，担负着维护社会正常秩序、保卫国家安全、组织和管理社会活动等任务。国家为企业生产经营活动提供公平竞争的经营环境和公共设施等条件，为此所发生的费用须由受益企业承担。企业承担这些费用的主要形式是向国家缴纳税金。依法纳税是企业必须承担的经济责任和义务，以确保国家财政收入的实现。国家秉承着"取之于民、用之于民"的原则，将所征收的税金用于社会各方面的需要。企业与税务机关之间的关系反映的是依法纳税和依法征税的义务与权利的关系。

（6）企业内部各单位之间的财务关系。企业是一个系统，各部门之间通力合作，共同为企业创造价值。因此各部门之间关系是否协调，直接影响企业的发展和经济效益的提高。企业目前普遍实行内部经济核算制度，划分若干责任中心、分级管理。企业为了准确核算各部门的经营业绩，合理奖惩，各部门间相互提供产品和劳务要进行内部结算，由此而产生了资金内部的收付活动。企业内部各单位之间的财务关系实质体现的是在劳动成果上的内部分配关系。

（7）企业与员工之间的财务关系。员工是企业的第一资源，员工又得依靠企业而生存，两者相互依存。正确处理好公司与员工之间的关系，对于一个公司的发展尤为重要，也是一个公司发展壮大的不竭动力。员工为企业创造价值，企业将员工创造的价值的一部分根据员工的业绩作为报酬（包括工资薪金、各种福利费用）支付给员工。企业与员工之间的财务关系实质体现的也是劳动成果上的分配关系。

二、现代企业财务管理体制

企业财务管理体制是规范企业财务行为、协调企业同各方面财务关系，明确企业各财务层级的财务权限、责任和利益的制度。企业财务管理体制的核心问题是如何配置企业的财务管理权限，企业财务管理体制决定着企业财务管理的运行机制和实施模式。但不同的企业组织形式意味着需要选择不同的企业财务管理体制，决定着企业的财务结构、财务关系、财务风险和所采用的财务管理方式的差异。因此，企业财务管理体制必须立足于企业的组织形式。

（一）典型的企业组织形式

企业是一种以盈利为目的的经济实体。它的产生、发展和壮大，无不围绕着获取经济利益；企业又是一系列契约的集合，它受各种契约的约束和规范，反映了多种相关者的利益及其均衡；企业也是一个按科层制建立起来的多层级的有序组织，它需要按一定的组织形式和制度加以制衡。典型的企业组织形式分为三种：个人独资企业、合伙企业以及公司制企业。

1. 个人独资企业

个人独资企业是有一个自然人投资，财产为投资人个人所有，投资人以其个人财产对企业债务承担无限责任的经营实体。这是最原始、最简单的企业组织，其所有者和经营者合为一体。由单个自然人独自出资、独资经营、独自享受权益、独自承担经营责任的企业，一般规模都很小，其组织结构也十分简单，几乎没有任何内部管理机构。

个人独资企业的优点主要有：①创立容易。由于企业主个人对企业的债务承担无限责任，法律对这类企业的管理就比较宽松，设立企业的条件不高，程序简单方便，不需要与他人协商并取得一致，只需要很少的注册资金等。②维持个人独资企业的固定成本较低。所有者和经营者合为一体，政府对其监管较少，对其规模也没有什么限制，企业经营方式灵活，财务决策迅速，内部协调也比较容易。③不需要缴纳企业所得税。其收益与个人所得合计缴纳个人所得税。如有亏损则从个人所得中予以扣除，法律对其约束较少。

个人独资企业的缺点主要有：①所有者必须对企业的生产经营承担全部责任和风险。由于受到企业主数量、人员素质、资金规模的影响，独资企业抵御财务风险和经营风险的能力较弱，业主对其债务要承担无限责任，有时企业的损失会超过业主最初对企业的投资，需要用个人其他财产偿债。②企业存续期短。企业的存续年限受限于业主的寿命，一旦企业主死亡、丧失民事行为能力或不愿意继续经营，企业的生产经营活动就只能终止。③难以从外部获得大量的资金用于经营。企业规模小，企业主个人由于财力有限，有时会受到还债能力的限制，筹资较困难，对债权人缺少吸引力，取得贷款的能力也比较差，很难投资或经营一些资金密集、适合于规模生产经营的行业。

多数个人独资企业的规模较小，抵御经济衰退和承担经营损失的能力不强，其平均存续年限较短，容易因个人寿命的原因使企业终止。有一部分个人独资企业能够发展壮大，规模扩大后会发现其固有的缺点日益被放大，于是转变为合伙企业或公司制企业。

2. 合伙企业

合伙企业是由合伙人订立合伙协议，共同出资，合伙经营，共享收益，共担风险，并对合伙债务承担无限连带责任的营利性组织。通常合伙人是由两个或两个以上的自然人构成的，有时也包括法人和其他组织。除企业主不止一个外，合伙企业其他方面均类似于独资企业。特别是当合伙企业破产时，如果一个合伙人无能力偿还自身应分担的债务，其他合伙人要负连带责任。合伙企业同样不缴纳企业所得税，而是将收入分给各合伙人，由他们各自缴纳个人所得税。

合伙企业的优点主要有：①所有者和经营者合为一体，有利于提高决策和管理水平。每个合伙人既是合伙企业的所有者，又是合伙企业的经营者，这样就可以发挥每个人的专长，提高合伙企业的决策水平和管理水平。②企业筹资规模、筹资能力均较独资企业大，承担风险的能力也较强。由于可以由众多的人共同筹措资金，提高了筹资能力，扩大了企业规模，同时也由于各合伙人负责偿还债务，降低了向合伙企业提供贷款机构的风险，有利于合伙企业取得贷款。③由于承担无限责任，有助于增强合伙人的责任心。由于合伙人对合伙企业的债务承担无限连带责任，因而有利于增强合伙人的责任心，提高合伙企业的信誉。

合伙企业的缺点主要有：①合伙企业财务稳定性较差。由于合伙企业以人身相互信任为基础，按法律规定，合伙企业中任何一个合伙人发生变化，如原合伙人丧失民事行为能力、死亡、退出合伙、新合伙人加入等，都将要改变原合伙关系，原有企业就要解体而建立新的合伙企业，故合伙企业的存续期是很不稳定的。②合伙企业投资风险很大。由于各合伙人需要对企业的债务承担无限连带责任，合伙人承担的经营风险极大，使合伙企业难以发展壮大。③合伙企业的财务管理机制很难适应快速多变的社会要求。合伙企业由于在重大财务决策问题上必须要经过全体合伙人一致同意后才能执行，故其管理机制难以适应环境变化而做出快速反应。

法律规定合伙企业的每个合伙人对企业债务须承担无限连带责任。每一个合伙人都有可能因偿还企业债务而失去其原始投资以外的个人财产。如果一个合伙人没有能力偿还其应分担的债务，其他合伙人须承担连带责任，即有责任替其偿还债务。法律还规定合伙人转让其所有权时需要取得其他合伙人的同意，有时甚至还需要修改合伙协议。因此，其所有权的转让比较困难。

3. 公司制企业

公司制企业主要是由若干个投资者出资，依法设立、独立运作的法人组织。其所有者一旦投资，资金即与其分离，而由企业的经营者统一经营管理。公司制企业可以分为无限责任公司、有限责任公司、两合公司、股份有限公司等。任何依据公司法登记的机构都被称为公司。各国的公司法差异较大，公司的具体形式并不完全相同，但它们的共同特点均是经政府注册的营利性法人组织，并且独立于所有者和经营者之外，是具有法人资格的独立经济组织。

公司制企业的主要特点有：①独立的法人实体。公司一经宣告成立，法律即赋予其独立的法人地位，具有法人资格，能够以公司的名义从事经营活动，享有权利，承担义务，从而使公司在市场上成为竞争的主体。②具有无限的存续期。股东投入的资本长期归公司支配，股东无权从公司中抽回投资，只能通过转让其拥有的股份收回投资，这种资本的长期稳定性决定了公司只要不解散或破产，就能够持续、无限期地存在下去，有利于企业实现战略管理。③股东承担有限责任。公司一旦出现债务责任，股东将以其出资额为限对公司的债务承担有限责任，这就为股东分散了投资风险，从而有利于吸纳社会潜在的资金，扩大企业规模。④所有权和经营权分离。公司的所有权属于全体股东，经营权委托专业的经营者负责管理，管理的专门化有利于提高公司的经营能力。筹资渠道多元化。股份有限公司可以通过资本市场发行股票或发行债券募集资金，有利于企业的资本扩张和规模扩大。

公司制企业的优点主要有：①无限存续。一个公司在最初的所有者和经营者退出后仍然可以存在。②容易转让所有权。公司的所有者权益被划分为若干股权份额，每个份额可以单独转让，无须经过其他股东同意。③有限债务责任。公司债务是法人的债务，不是所有者的债务，所有者的债务责任以其出资额为限。

公司制企业的缺点主要有：①双重课税。公司作为独立的法人，其利润需要缴纳企业所得税，企业利润分配给股东后，股东还需缴纳个人所得税。②组建公司的成本高。公司法对于建立公司的要求比建立独资或合伙企业高，并且需要提交一系列法律文件，通常花费的时间较长。公司成立后，政府对其监管比较严格，需要定期提交各种报告。③存在代理问题。经营者和所有者分开以后，经营者成为代理人，所有者成为委托人，代理人可能为自身的利益而伤害委托人利益。

实践证明在不同企业组织形式中，一般认为公司制企业组织形式是最好的选择。主要是基于公司制企业在经营规模、筹资潜能、风险承担、公司治理以及组织机构的设置等方面有着独特的优势，被公认为是一种具有良好管理和治理效能、能够规范经营者合法运作和管理的企业组织形式。公司制企业较之个人独资企业与合伙企业更容易在资本市场上筹集到资金，而有限债务责任和公司的无限存续，降低了投资者的投资风险；所有权便于转让，又提高了投资人资产的流动性，所以，促使投资人愿意把资金投入到公司制企业。

（二）企业财务管理体制的不同类型

企业财务管理体制按照涉及的范围分为宏观财务管理体制和微观财务管理体制；按权力的集中程度分为集中管理型体制和分散管理型体制；按管理内容分为资金管理、成本管理和利润管理；按企业财务管理的权限和内容分为集权型财务管理体制、分权型财务管理体制和混合型财务管理体制。

1. 集权型财务管理体制

集权型财务管理体制是指企业对各所属单位的所有财务管理决策都进行集中统一，各所属单位没有财务决策权，企业总部财务部门不但参与决策和执行决策，在特定情况下还直接参与各所属单位的执行过程。

集权型财务管理体制下企业内部的主要管理权限集中于企业总部，各所属单位主要负责执行企业总部的各项指令，是一种高度集中的财务管理体制。集权型财务管理体制是将企业的资金、成本和利润及其分配的控制权限高度集中在公司最高管理层，公司的中、下层没有任何决策、支配及控制的权力，只有有限的管理权限。

集权型财务管理体制的主要优点在于：①可充分展现企业内部一体化的管理优势。企业内部的各项决策均是由企业总部制定和部署，利用企业的人才、智力、信息资源，努力降低资金成本和风险损失，使决策的统一化、制度化得到有力的保障。②有利于企业内部资源的合理配置。在整个企业内部优化配置资源，有利于实行内部调拨价格，有利于内部采取合理避税措施及防范汇率风险等。

集权型财务管理体制的主要缺点在于：集权过度会使各所属单位缺乏主动性、积极性，丧失活力，也可能因为决策程序相对复杂而失去适应市场的弹性，进而丧失市场机会。

2. 分权型财务管理体制

分权型财务管理体制是指企业将财务决策权与管理权完全下放到各所属单位，各所属单位只需对一些决策结果报请企业总部备案即可。分权型财务管理体制下企业内部的管理权限分散于各所属单位，各所属单位在人、财、物、供、产、销等方面有决定权，这是一种完全分权式的财务管理体制。

分权型财务管理体制的主要优点在于：①有利于调动企业内部各级管理者和责任单位的积极性。把企业内部各部门、各单位的资金、成本同其他工作业绩直接挂钩，便于实现责、权、利的统一，充分发挥各基层单位管理人员与财务人员的特质，以促进其快速成长。②有利于分散企业的经营风险。由于各所属单位负责人有权对影响经营成果的因素进行控制，加之身在基层了解情况，有利于针对本单位存在的问题及时做出有效决策，因地制宜地搞好各项业务。

分权型财务管理体制的主要缺点在于：对涉及全局的重大决策难以协调。各所属单位大都是从本单位利益出发安排财务活动，缺乏全局观念和整体意识，不利于企业统一处理对外关系和统一研究战略规划。还可能导致企业资金管理分散、资金成本增大、费用失控、利润分配无序。

3. 混合型财务管理体制

混合型财务管理体制又称为"集权与分权相结合型财务管理体制"，其实质就是集权下的分权，企业对各所属单位在所有重大问题的决策与处理上实行高度集权。各所属单位则对日常经营活动具有较大的自主权。

集权与分权相结合型财务管理体制是以企业发展战略和经营目标为核心，将企业内部重大决策集中于企业总部，而赋予各所属单位自主经营权。集权与分权相结合型财务管理体制主要特点在于：①在制度上，企业内部应制定统一的内部管理制度，明确财务权限及收益分配方法，各所属单位应遵照执行，并根据自身的特点加以补充；②在管理上，利用企业的各项优势，对部分权限集中管理；③在经营上，充分调动各所属单位的生产经营的积极性。各所属单位围绕企业发展战略和经营目标，在遵守企业统一制度的前提下，可自主制定生产经营的各项决策。为避免配合失误，要明确责任，凡需要有企业总部决定的事项，在规定的时间内，企业总部应明确答复，否则，各所属单位有权自行处置。基于以上特点，集权与分权相结合的财务管理体制，吸收了集权型与分权型财务管理体制的各自优点，避免了两者各自的缺点，从而具有较大的优越性。

（三）企业财务管理体制的基本原则

一个企业如何选择适应自身需要的财务管理体制，如何在不同的发展阶段更新财务管理模式，在企业管理中占有重要地位。财务管理体制的设定或变更应遵循以下四项原则。

（1）应与现代企业制度的要求相适应。现代企业制度是一种产权制度，它是以产权为依托，对各种经济主体在产权关系中的权利、责任、义务进行合理有效地组织、调节的制度安排，它具有"产权清晰、责任明确、政企分开、管理科学"的特征。

企业内部相互间关系的处理应以产权制度安排为基本依据。企业作为各所属单位的股东，根据产权关系享有作为终极股东的基本权利，特别是对所属单位资产的受益权、管理者的选择权、重大事项的决策权等。

但是，企业各所属单位往往不是企业的分支机构或分公司，其经营权是其行使民事责任的基本保障，企业以自己的经营与资产对其盈亏负责。企业与各所属单位之间的产权关系确认了两个不同主体的存在，这是现代企业制度特别是现代企业产权制度的根本要求。按现代企业制度的要求，企业的财务管理体制必须以产权管理为核心，以财务管理为主线，以财务制度为依据，体现了现代企业制度特别是现代企业产权制度管理的思想。

（2）明确企业对各所属单位管理中的决策权、执行权与监督权三权分立。现代企业要做到管理科学，必须要求在决策与管理程序上做到科学、民主，因此，决策权、执行权与监督权三权分立的制度必不可少。这一管理原则的作用就在于加强决策的科学性与民主性，强化决策执行的刚性和可考核性，强化监管的独立性和公正性，从而形成良性循环。

（3）明确财务综合管理和分层管理思想。现代企业制度要求管理是一种综合性管理、战略管理，因此，企业财务管理并不是企业总部财务部门单一职能部门的财务管理，当然也不是各所属单位财务部门的财务管理，它是一种战略管理。这种管理要求：①从企业整体角度对企业的财务战略进行定位；②对企业的财务管理行为进行统一规范，做到高层的决策结果能被低层战略经营单位完全执行；③以制度管理代替个人的行为管理，从而保证企业管理的连续性；④以现代企业财务分层管理思想指导具体的管理实践。

（4）应与企业组织体制相对应。企业组织体制大体上有 U 型组织、H 型组织和 M 型组织三种形式。

U 型组织仅存在于产品简单、规模较小的企业，实行管理层级的集中控制。

H 型组织实质上是企业集团的组织形式，子公司具有法人资格，分公司则是相对独立的利润中心。

M 型组织结构由三个相互关联的层级组成：第一个层级是董事会和经理班子组成的总部，它是企业的最高决策层，主要职能是战略规划和关系协调；第二个层级是由职能和支持、服务部门组成的，其中计划部是公司战略规划和执行部门，财务是由中央控制的，负责整个企业的资金筹措、运作和税务安排；第三个层级是围绕企业的主导或核心业务，互相依存又相互独立的各所属单位，每个所属单位又是一个 U 型结构。可见，M 型结构集权程度较高，突出整体化，具有较强的战略研究、实施功能和内部关系协调能力，是目前国际大型企业管理体制的主流形式。M 型的具体形式有事业部、矩阵制、多维结构等。

（四）企业财务管理体制的选择

企业财务管理体制的选择既要考虑企业的规模、经营特点等因素，也要和企业的组织形式相结合，而企业的财务特征决定了分权的必然性，但企业的规模效应、风险防范又要求集权，集权和分权各有特点，各有利弊，要根据具体情况确定。对集权与分权的选择、分权程度的把握历来是企业管理的一个难点。

从聚合资源优势，贯彻实施企业发展战略和经营目标的角度来看，集权型财务管理体制显然是最具有保障力的。但如果企业意欲采用集权型财务管理体制，除了企业管理高层必须具备高度的素质和能力外，在企业内部还必须有一个能及时、准确地传递信息的网络系统，并通过信息传递过程的严格控制来保障信息的质量，具备上述要求，即为集权型财务管理体制优势的充分发挥提供了可能。

但是信息传递及过程控制有关成本问题也会随之产生。此外，随着集权程度的提高，集权型财务管理体制的复合优势可能会不断强化，而各所属单位或组织机构的积极性、创造性与应变能力可能在不断削弱。

分权型财务管理体制实质上是把决策管理权在不同程度上下放到比较接近信息源的各所属单位或组织机构，这样便可以在相当程度上缩短信息传递的时间，减少信息传递过程中的控制问题，从而使信息传递与过程控制等的相关成本得以节约，并能大大提高信息的决策价值与利用效率。但随着权力的分散，就会产生企业管理目标换位问题，这是采用分权型财务管理体制通常无法完全避免的一种成本或代价。

集权型或分权型财务管理体制的选择，本质上体现了企业的管理政策，是企业基于环境约束与发展战略考虑顺势而定的权变性政策。依托环境预期与战略发展规划，要求企业总部必须根据企业的不同类型、发展的不同阶段，以及不同阶段的战略目标取向等因素，对不同财务管理体制及其权利的层次结构做出相应的选择与安排。财务决策权的集中与分散没有固定的模式，同时选择权也不是一成不变的。财务管理体制的集权与分权，需要考虑企业与各所属单位之间的资本关系和业务关系的具体特征，集权与分权的"成本"和"利益"的差异，以及环境、规模和管理者的管理水平。

一般来说，独资、合伙企业，其经营者即为所有者，管理模式无疑都要选择高度集权型财务管理体制；公司制企业要根据企业的规模、经营特点和市场环境，结合企业的组织形式和经营方式，有针对性地选择集权型、分权型和混合型财务管理体制。典型的公司制企业——股份制有限公司，对财务管理体制的选择应关注以下几个方面：①强调财务管理独立职能的强化，实行财务、会计机构的分设；②选择企业管理层级相适应的财务管理体制，正确界定财务管理的分级权限；③建立、健全内部各层级财务管理制度，使财务管理工作有章可循；④建立良好的财务调控机制和激励、约束机制，保证财务管理目标的顺利实现。

（五）我国常用财务管理体制的内容

实践表明，我国企业一般采用集权与分权相结合型的财务管理体制，其核心内容是企业总部应做到制度统一、资金集中、信息集成和人员委派。具体内容是应集中制度制定权，集中筹资、融资权，集中投资权，集中用资、担保权，集中固定资产购置权，集中财务机构设置权，集中收益分配权；分散经营自主权、人员管理权、业务定价权、费用开支审批权。

（1）集中制度制定权。企业总部根据国家法律、法规和《企业会计准则》《企业财务通则》的要求，结合企业自身的实际情况和发展战略、管理需要，制定统一的财务管理制度，在企业范围内统一实行。各所属单位只有制度执行权，而无制度制定和解释权。单个所属单位可以根据自身需要制定实施细则和补充规定。

（2）集中筹资、融资权。资金筹集是企业资金运动的起点，为使企业内部筹资风险最小，筹资成本最低，应由企业总部统一筹集资金，各所属单位有偿使用。如需银行贷款，可由企业总部办理贷款总额，各所属单位分别办理贷款手续，按规定自行付息；如需发行短期商业票据，企业总部应充分考虑企业资金占用情况，并注意到期日存款项，不要因为票据到期不能兑现而影响企业信誉；如需利用海外集团筹资时，应统一由企业总部根据国家现行政策办理相关手续，并严格审核贷款合同条款，注意汇率及利率变动因素，防止出现损失。

企业总部对各所属单位追踪审查现金使用情况，具体做法是各所属单位按规定时间向企业总部上报"现金流量表"，动态地描述各所属单位现金增减状况和分析各所属单位资金存量是否合理。如有部分所属单位资金存量过多、运用不畅，而其他所属单位又急需资金时，企业总部可调动资金，并应支付利息。企业内部应严禁各所属单位之间放贷，如需临时拆借资金，超出规定金额，应报企业总部批准。

（3）集中投资权。企业对外投资必须遵守的原则为效益性、分散风险性、安全性、整体性及合理性。无论企业总部还是各所属单位的对外投资都必须经过立项、可行性研究、论证、决策的过程，其间除专业人员外，必须有财务人员参加。财务人员应会同有关专业人员，通过仔细调查了解，开展可行性分析，预测今后若干年内市场变化趋势及可能发生风险的概率、投资该项目的建设期、投资回收期、投资回报率等，写出财务报告，报送领导参考。

为保证投资效益实现，分散及减少投资风险，企业内对外投资可实行限额管理，超过限额的投资其决策权属于企业总部。被投资项目一经批准确立，财务部门应协助有关部门对项目进行跟踪管理，发现与可行性报告有偏差，应及时报有关部门予以纠正。对投资效益不能达到预期目的的项目应及时清理解决，并应追究有关人员的责任。同时应完善投资管理，企业可根据自身特点建立一套具有可操作性的财务考核指标体系，规避财务风险。

（4）集中用资、担保权。企业总部应加强资金使用安全性的管理，对大额资金拨付要严格监督，建立审批程续，并严格执行。各所属单位财务状况的好坏关系到企业所投资本的保值和增值问题，同时各所属单位因资金受阻导致获利能力下降，会降低企业的投资回报率。因此，各所属单位用于经营项目的资金，要按照经营规划范围使用，用于资本项目上的资金支付，应履行企业规定的报批手续。企业内部对外担保权应归企业总部管理，未经批准，各所属单位不得为外单位提供担保，企业内部各所属单位相互担保应经企业总部同意。企业总部为各所属单位提供担保应制定相应的审批程序，可由各所属单位与银行签订贷款协议，企业总部为各所属单位做贷款担保，同时要求各所属单位向企业总部提供"反担保"，保证资金的合理使用及按时归还，使贷款得到监控。

（5）集中固定资产购置权。各所属单位需要购置固定资产必须说明理由，提出申请报企业总部审批，经批准后方可购置。各所属单位资金不得自行用于资本性支出。

（6）集中财务机构设置权。各所属单位财务机构设置必须报企业总部批准，财务人员由企业总部统一招聘，财务负责人或财务主管人员由企业总部统一委派。

（7）集中收益分配权。企业内部应该统一收益分配制度，各所属单位应客观、真实、及时地反映其财务状况及经营成果。各所属单位收益的分配，属于法律、法规明确规定的按规定分配，剩余部分由企业总部本着长远利益与现实利益相结合的原则，确定分流比例。各所属单位留存的收益原则上可自行分配，但应报企业总部备案。

（8）分散经营自主权。各所属单位负责人主持本企业的生产经营管理工作，组织实施年度经营管理工作，组织实施年度经营计划，决定生产和销售，研究和考虑市场周围的环境，了解和注意同行业的经营情况和战略措施，按所规定时间向企业总部回报生产管理工作情况。对突发的重大事件，要及时向企业总部汇报。

（9）分散人员管理权。各所属单位负责人有权任免下属管理人员，有权决定员工的聘用与辞退，企业总部原则上不应干预，但其财务主管人员的任免应报经企业总部批准或由企业总部统一委派。一般财务人员必须获得"上岗证"，才能从事财会工作。

（10）分散业务定价权。各所属单位所经营的业务均不相同，因此，业务的定价应由各所属单位经营部门自行拟定，但必须遵守加速资金周转、保证经营质量、提高经济效益的原则。

（11）分散业务开支审批权。各所属单位在经营中必然要发生各种费用，企业总部没必要进行集中管理，各所属单位在遵循财务制度的前提下，由其负责人批准各种合理的用于企业经营管理的费用开支。

第二节 现代企业财务管理的目标

目标是系统运行所希望实现的结果，其具有导向、激励、凝聚及考核的作用，正确的目标是系统良性循环的前提。企业财务管理目标对企业财务管理系统的运行也具有同样的意义，是评价企业理财活动是否合理的基本标准，是财务管理实践中进行财务决策的出发点和归宿。目标就是导向和标准。任何一种组织的存在都有其目的性，企业依法从事生产经营活动，必然有自身的经营目标和发展方向，企业的目标就是创造价值。

企业财务管理的目标就是为企业创造价值服务，即在特定的理财环境中，通过组织财务活动，处理财务关系所要达到的目的。企业财务管理目标是评价企业理财活动是否合理有效的基本标准，是企业财务管理工作的行为导向，是财务人员工作实践的出发点和归宿。

从根本上说，财务管理的目标取决于企业的目标，所以财务管理的目标和企业的目标是一致的。企业的目标可概括为生存、发展和获利。不同的企业目标对企业财务管理的要求也不同。生存目标对企业财务管理的要求是力求保持以收抵支和偿还到期债务的能力，减少破产的风险，使企业能够长期、稳定地生存下去；发展目标对企业财务管理的要求是筹集企业发展所需要的资金；获利目标对企业财务管理的要求是对企业正常经营产生的和从外部获得的资金进行有效利用。

随着财务经济学的发展和企业管理实践的变革，企业财务管理的目标也在不断演化，经历了从利润最大化、每股盈余最大化、股东财富最大化再到企业价值最大化的演变过程。近年来，理论界又提出了相关利益者利益最大化的观点。

财务目标具有层次性，其可以按一定标准划分为整体财务目标、分步财务目标及具体财务目标三类不同的层次。

整体财务目标又称"总财务目标"，是一段时期内公司全部财务管理活动应实现的根本目标。整体财务目标比较笼统，必须将其进行逐步、分层分解，制定更为细致、可操作的目标。将各层次目标分解至不能或无须再分解的程度的目标即具体目标，各部门可立即付诸实施的目标。整体目标与具体目标之间的分层次目标则被称为分步目标。整体目标处于支配地位，决定着分步目标及具体目标；整体目标的实现又有赖于分步目标及具体目标的科学实施与整合。

受社会政治环境、经济环境的影响，财务目标具有阶段性的特点：不同时期、不同财务环境下，财务目标是不一样的；即使是在同一时期，不同企业由于所面临的具体经营环境不同，财务目标也不尽相同。

财务目标还具有稳定性的特点。若财务目标朝令夕改，会令企业管理人员无所适从，也就没有目标可谈了。因此，财务目标应是阶段性与稳定性的统一，即一个企业一旦确立了某一个财务目标，这一财务目标在一段时间内将会保持稳定不变。

一、现代企业财务管理整体目标

不同时期、不同政治经济环境下有不同形式的财务管理整体目标。从 1949 年中华人民共和国成立至今，随着我国经济的发展、经济环境的变革，我国先后出现了四种形式的财务管理整体目标。

（一）产值最大化整体目标

产值是指生产出的产品的价值。产值最大化目标是指企业以一段时期内生产的产品价值为考核目标。企业领导人职位的升迁，职工个人利益的多少，均由完成的产值计划指标的程度来决定。

产值最大化是中国、苏联以及东欧各个社会主义国家在计划经济体制下产生的。1949 年中华人民共和国成立伊始，中国的经济极为困难，物质资料极其匮乏，当时最迫切的任务是尽可能多地生产出人们所需要的物品。在当时条件下，这一整体目标对尽快恢复生产、恢复经济、发展经济、满足人民基本生活需求具有非常重大的意义。

但是，随着经济的发展，计划经济体制逐渐对经济发展产生了极大的束缚作用，总产值最大化也越来越暴露其自身的特点：只求数量，不求质量；只讲产值，不讲效益。一方面，由于之前物资缺乏，人们对产品的质量及个性化的设计的要求并不高，企业的产品只要能生产出来，就能销售出去，从而造成了企业对产品质量及品种的多样性方面重视不足。另一方面，因为产值最大化并不考核成本，管理层只要能增加总产值，而不管产品能否适销对路，也不管是否能以高于产品成本的价值销售出去，获得真正的价值增值。

但是随着技术、经济的不断发展，越来越多的产品出现了剩余，人们开始注重产品的质量及个性化的特点。显然，若仍以产值最大化为整体目标已不再适合，否则其结果是导致产品销售不出去，积压在仓库中，最后贬值甚至全部报废。为克服产值最大化目标存在的缺陷，利润最大化目标被提了出来。

（二）利润最大化整体目标

利润最大化整体目标是指企业以一段时期内实现的会计利润为考核目标。企业领导人职位的升迁，职工个人利益的多少，均根据实现的会计利润的多少来决定。利润是一定时期收入扣除成本后的余额，代表了这段时期企业新创造的价值增值，利润越多则企业的财富增加得越多。企业生产出来的产品只有被销售出去才能确认收入，并且要以高于成本的价格销售出去，才能获取正的利润。

利润最大化的观点认为：利润代表企业新创造的财富，利润越多则企业财富增加越多，越接近企业的目标。利润最大化曾经被认为是企业财务管理的正确目标。企业追求利润最大化，就必须不断加强管理、降低成本、提高劳动生产效率、提高资源利用率。

在市场竞争日益激烈的情况下，只有质量好、满足消费者个性化需求的产品才能畅销。因此，利润最大化目标可以克服上述讨论的产值最大化目标导致的缺陷。利润最大化目标早在 19 世纪初就被西方企业广泛运用。我国自 1978 年经济体制改革以后，市场经济模式逐渐确立，企业面向市场自主经营、自负盈亏，利润最大化目标替代了产值最大化目标被我国企业广为采用。

利润最大化目标的主要优点：①反映了企业的本质的动机，为企业的经营管理提供动力。企业是以盈利为目的的经济组织，利润最大化符合企业管理的根本要求，是满足业主投资收益的基本来源，也是企业资本积累的基本来源。②可以直接反映企业创造剩余产品的多少。从一定程度上反映出企业经济效益的高低和对社会的贡献大小。③简单、直观，容易理解和计算。经营收入减去经营成本就是利润，能反映当期企业的经营业绩，便于衡量和考核企业绩效，容易被企业管理者和职工所接受。

利润最大化目标并非没有缺点，随着经济环境的不断变化，其缺点也逐渐显现。缺点有以下几点。

（1）没有考虑资金的时间价值。利润最大化忽略了所获利润的时间差异。会计利润是按照权责发生制原则进行核算的，会计利润中含有未达账项，通常会计利润与实际收到现金的利润是不相等的，则据此目标，有可能会导致错误的决策。

例如：A、B 两个投资项目，投资成本均为 800 万元，收入均为 900 万元，其会计利润都是 100 万元；但在一时间内 A 项目的所有收入均已收回，而 B 项目的收入尚有 500 万元未收回。若按利润最大化目标来评价这两个项目，应是两个方案都可行。可是此例中，显然 A 项目更好一些。

（2）没有有效考虑风险问题。利润最大化目标容易引导管理层选择投资项目时尽可能选择利润高的项目。利润最大化忽略了不同行业、不同方案之间的风险差异，相同利润在不同行业中的意义也不相同，没有考虑所获利润和所应承担风险的关系，可能导致有关人员不顾风险的大小而去追求更多利润。高风险往往伴随着高利润，管理层决策时若不考虑风险一味追求高利润，会将企业带上"不归路"。

（3）可能导致管理层的短期行为。影响利润的因素主要有收入与成本两大类因素。若收入没有增加，成本降低也可增加利润。如果片面强调增加利润，有可能诱使企业产生追求利润的短期行为，而忽略企业的长远发展。因此，有些企业在未能有效"开源"的情况下，会采取一些短期行为，如减少产品开发、人员培训、设备更新方面的支出来提高当期的利润以完成任务。

更有甚者，有些管理层有可能人为调节利润，使企业表面利润增加，实际企业财富并未增加，反而会因兑现虚假绩效而降低。这显然对企业的长期发展极为不利。为克服利润最大化目标存在的缺陷，股东财富最大化目标、企业价值最大化目标相继被提出。

（三）股东财富最大化整体目标

企业主要是由股东出资形成的，股东是企业的所有者。股东财富即企业的所有者拥有的企业的资产的价值。在股份制公司中，股东的财富就由其所拥有股票的数量和每股股票的市场价格来决定。当股票数量一定时，股票价格达到最高，就能使股东财富价值达到最大。

股东财富最大化又称为"股东价值最大化"或"企业所有者权益价值最大化"。股东财富最大化的观点认为：增加股东财富是财务管理的目标。股东财富不是股东在企业中所拥有的净资产账面数额，而是资本市场上的市场价值，即用股东权益的市场价值来衡量股东财富。股东财富的增加可以用股东权益的市场价值与股东投入资本的差额来衡量，被称为"权益的市场增加值"。权益的市场增加值是企业为股东创造的价值。在股份制经济条件下，股东财富可以利用股票市场价值总额来代表。股东的财富由其所拥有的股票数量和股票市场价格两方面来决定，在股票数量既定时，股票财富最大化直接表现为股票价格最大化，当股票价格达到最高点时，股东财富也达到最大。因此，股东财富最大化也称为"股票价值最大化"。因此，股东财富最大化最终体现为股票价格最大化。股东财富最大化目标是指企业以一段时期后的股票价格为考核目标。企业领导人职位的升迁，职工个人利益的多少，均根据股票价格的高低来决定。

股东财富最大化目标与利润最大化目标相比，具有以下优点。

（1）一定程度上考虑了资金的时间价值。股东财富最大化考虑了取得报酬的时间性，区分了不同时期的报酬，应运用货币时间价值的原理计算股东价值。这一优点可以从股票定价原理角度来分析。股票的内在价值应等于该股票持有者在公司经营期内预期能得到的股息收入按一定折现率计算的现值。影响股票价格的因素包括现金股利、折现率、当时市场信息等。现金股利及折现率因素体现了股票价格的确定需考虑资金时间价值的影响。

（2）一定程度上考虑了风险因素。市场对股票价值的评价，包含着市场投资主体对该股票未来创造价值的共同努力，反映了未来获取资本所包含的风险。股东可以从市场信息中判断企业经营中可能存在的风险，继而将风险体现在对股票的定价上。若企业经营风险较大，股票价格则会下降，反之股票价格则会上升。管理层若要股票价格最大化，必须在风险与报酬间寻找一个平衡点。

（3）一定程度上能够克服管理者追求利润上的短期行为。由于股票理论价格包含着投资者对未来获利的预期，在股东财富最大化目标下，不仅目前的利润会影响股东财富，未来的盈利能力也会对股东财富产生巨大的影响。股价是未来各期收益的综合体现，每期的现金股利是根据其所属期的利润来确定的，无论是现在的利润还是预期的利润都会对企业的股票价格产生影响，而短期增加利润的行为对于实现股东财富最大化目标来说没有效果。

（4）考虑了投入与产出间的关系。股票市场价格受预期每股收益的影响，将利润与投入的资金相联系，反映了资本的获利能力，并通过资本市场把这种获利能力与社会资本比较。

但是股东财富最大化也存在着一些缺陷，主要有以下几点。

（1）忽视了除股东以外的其他利益相关者的利益。企业的利益相关者不仅仅只是股东，还包括债权人、员工、政府、社会公众等。该目标过度强调了股东的利益，而对企业其他利益关系人的重视不够，管理人员利用财务杠杆来增加股东财富，可能会出现过度举债的情况，这必然会增加企业财务风险，甚至导致破产。

所有的利益相关者都有可能对企业财务管理产生影响。股东通过股东大会或董事会参与企业经营决策，董事会直接任免企业经理甚至财务经理；债权人要求企业保持良好的资金结构和适当的偿债能力，以及按合约规定的用途使用资金；员工是企业财富的创造者，提供人力资本必然要求合理的报酬；政府为企业提供了公共服务，也要通过税收分享收益。

正是各利益相关者的共同参与，构成了企业利益制衡机制。如果试图通过损害一方利益而使另一方获利，结果就会导致矛盾冲突，出现诸如股东抛售股票、债权人拒绝贷款、员工怠工、政府罚款等不利现象，从而影响企业的可持续发展。而股东财富最大化目标可能会诱导管理层仅考虑管理层及股东的利益，有时甚至还会损害除股东以外的其他利益相关者的利益。

（2）股票财富指标自身存在一定的缺陷。不可控因素引入理财目标是不合理的。股票价格受多种因素影响，不仅包括公司的业绩，还包括外部社会政治、经济和环境等因素，这些并非是公司所能控制的。股票财富最大化是以股票价格为指标，而事实上影响股票价格的因素很多，并不都是企业管理层能够控制和影响的。把受不可控因素影响的股票价格作为企业财务管理目标显然不尽合理。也有些学者提出：对非上市企业来说，股票价格较难确定，因此股东财富最大化仅对股票上市的企业适用。

（四）企业价值最大化整体目标

企业价值是指企业全部资产的市场价值，即公司资产未来预期现金流量的现值。企业价值不同于利润，它不仅包括企业新创造的价值，还包括企业潜在的预期的获利能力。企业价值最大化又称为公司价值最大化，是股东财富最大化的进一步演化。企业价值最大化的观点要求：企业通过合理的经营采用最优的财务政策，充分考虑资金的时间价值和风险与报酬的关系，在保证企业长期稳定发展的基础上不断增加企业财富，使企业总价值达到最大。

企业价值最大化与股东财富最大化基本上是类似的：它们都反映了投资者对企业的未来预期；它们都以资产价值作为判断企业价值的依据；它们都以资产的市场价值而不是账面价值作为判断标准；它们都面临着缺乏公平、合理、有效的资本市场和资产产权评估市场，使企业资产的市场价值难以获得。

企业价值最大化与股东财富最大化两者的不同是：股东财富最大化考虑的是企业净资产的市场价值，只考虑股东的利益；企业价值最大化考虑的是企业总资产的市场价值，兼顾了股东和债权人的利益。在一定条件下，债权人与股东之间没有利益冲突时，企业价值最大化目标的模式的性质和特征与股东财富最大化基本上是相同的，一般将企业价值最大化与股东财富最大化的理财目标等同起来。企业价值最大化目标与利润有密切的关系：同时综合了利润、货币时间价值、风险、债务比例、利率、税率以及时间跨度等多种因素来衡量企业的价值，反映了企业整体和长期的发展。

为克服股东财富最大化目标存在的缺陷，企业价值最大化目标"应声"出现。对企业价值的评价不仅评价企业已经获得的利润水平，更重要的是评价企业获得未来现金流入的能力和水平。因此，企业价值是能反映企业潜在或预期获利能力的全部资产的市场价值。企业的价值与预期的报酬成正比，但与风险成反比。

此外，在寻求企业价值最大化的过程中，必须考虑和兼顾相关利益者之间的利益，并使之达到平衡，否则将不利于公司财务关系的协调，进而影响企业价值最大化的实现。

企业价值最大化目标的主要优点：①考虑了取得报酬的时间，并用时间价值原理进行了计量；②充分考虑了风险和报酬的联系；③能克服企业追求利润上的短期行为，不仅目前的利润会影响企业的价值，而且预期未来的利润对企业价值的影响所起的作用更大；④有利于社会资源的合理配置。社会资源都是企业价值最大化的企业流动，有利于实现社会效益的最大化。

企业价值最大化目标的主要缺点：①股票价格受多种因素影响具有很大的不确定性。

对于股票上市的企业，虽然可以通过股票价格的变动揭示企业的价值，但因股票价格受多种因素的影响，特别在资本市场效率低下的即期市场，因此，股价不一定能揭示企业的获利能力，只有长期趋势才能较真实地反映企业的价值；②实际应用比较困难。对于非上市公司来讲，只有对企业进行专门的评估才能真正确定它的价值，而在评估企业的资产时，由于受评估标准和评估方式的影响，企业未来报酬和与企业风险相适应的折现率很难做到客观和准确。

企业价值最大化目标除了具备股东财富最大化目标所具有的优点外，还兼顾了股东以外的利益相关者的利益的优点；但在计量上尤其是非上市公司企业价值的计量上仍存在一定的缺陷。企业在确立财务整体目标时必须注意目标的唯一性，即上述目标均可作为企业的整体目标，但只能取其一，否则会因找不清方向而造成企业管理混乱。

（五）每股盈余最大化

每股盈余又称为每股收益，是税后净利润与普通股股数的比率。所有者或股东是企业的出资者，他们投资的目的是取得投资收益，表现为税后净利与出资额或与股份数（普通股）的比率。每股收益是指归属于普通股股东的净利润与发行在外的普通股股数的比值，它的大小反映了投资者投入资本获得回报的能力。每股盈余最大化的观点认为：将企业实现的利润与企业所有者投入资本额或股本数进行对比，用每股收益（或权益资本净利率）来概括企业的财务目标。

每股盈余最大化目标的主要优点有：①克服了利润最大化目标不考虑资本投入的缺点，反映了利润与投入资本之间的关系；②有利于与其他不同资本规模企业或同企业不同时期的比较。每股盈余最大化目标的主要缺点：①没有考虑资金时间价值；②没有考虑每股收益的风险因素；③不能避免企业的短期行为，可能会导致与企业的战略目标相背离。

就我国国情来看，上述财务目标中，产值最大化目标已经过时，当前已没有任何企业再以此为整体财务目标了。利润最大化、股东财富最大化及企业价值最大化目标仍不同程度地被企业采用。利润最大化目标目前主要为非股份制企业及非上市股份制企业所采用；股东财富最大化目标目前主要为股份制企业尤其是股份制上市企业所采用；企业价值最大化目标由于其相对其他目标来说更为理想化，目前为少数有社会责任意识的股份制企业所采用。

（六）相关者利益最大化

20世纪80年代兴起的相关利益者理论对股东价值最大化的传统观点提出挑战。相关利益者理论从"企业是一组契约的联结点"的角度出发，认为企业是所有相关利益者之间的一系列多边契约。这些相关利益者主要包括：股东、债权人、员工、企业经营者、客户、供应商和政府等。股东作为企业的所有者，在企业中承担着最大的权力、义务、风险和报酬，但是其他相关利益者也为企业承担债务风险。例如：随着举债经营的企业越来越多，举债比例和规模也在不断扩大，而债权人的风险大大增加；在社会分工细化的今天，由于简单劳动越来越少，复杂劳动越来越多，使得职工的再就业风险不断增加；在现代企业制度下企业经理人受所有者委托，作为代理人管理和经营企业，在激烈的市场竞争和复杂多变的形势下，代理人所承担的责任越来越大，风险也随之加大；随着市场竞争和经济全球化的影响，企业与客户以及企业与供应商之间不再是简单的买卖关系，更多的情况下是长期的伙伴关系，处于一条供应链上，并共同参与同其他供应链的竞争，因而也与企业共同承担一部分风险；政府不管是作为出资人，还是作为监管机构，都与企业各方的利益密切相关。

相关利益者理论认为，企业应该以所有相关利益者的利益最大化为目标。企业的管理者是对企业的全部相关利益者而不是个别成员负有责任，管理者是一个组织而不只是股东的代言人。因此，在确定企业财务管理目标时，不能忽视这些相关利益群体的利益。

相关者利益最大化目标的具体内容包括：①强调风险与报酬的均衡，将风险限制在企业可以承受的范围内；②强调股东的首要地位，并强调企业与股东之间的协调关系；③强调对代理人即企业经营者的监督和控制，建立有效的激励机制以便企业战略目标的顺利实施；④关心本企业普通职工的利益，创造优美和谐的工作环境和提供合理恰当的福利待遇，培养职工长期努力为企业工作；⑤不断加强与债权人的关系，培养可靠的资金供应者；⑥关心客户的长期利益，以便保持销售收入的长期稳定增长；⑦加强与供应商的协作，共同面对市场竞争，并注重企业形象的宣传，遵守承诺，讲究信誉；⑧保持与政府部门的良好关系。

相关者利益最大化目标的优点：①有利于企业长期稳定发展。这一目标注重企业在发展过程中考虑并满足各利益相关者的利益关系。在追求长期稳定发展的过程中，站在企业的角度上进行投资研究，避免只站在股东的角度进行投资可能导致的一系列问题。②体现了合作共赢的价值理念，有利于实现企业经济效益和社会效益的统一。由于兼顾了企业、股东、政府、客户等的利益，企业就不仅仅是一个单纯牟利的组织，还承担了一定的社会责任。企业在寻求其自身的发展和利益最大化过程中，由于客户及其他利益相关者的利益就会依法经营，依法管理，正确处理好各种财务关系，自觉维护和切实保障国家、集体和社会公众的合法权益。③较好地兼顾了各利益主体的利益。这一目标本身是一个多元化、多层次的目标体系，这一目标可使企业各利益主体相互作用、相互协调，并使企业利益、股东的利益达到最大化的同时，也使其他利益相关者的利益达到最大化。④体现了前瞻性和现实性的统一。企业作为利益相关者之一，有一套评价指标，如未来企业报酬贴现率、股东的评价指标可以使用股票市价，债权人可以寻求风险小、利息最大，工人可以确保工资福利，政府可以考虑社会效益等。不同的利益相关者有各自的指标，只要合理合法、互利互惠、相互协调，就可以实现所有相关者利益最大化。

相关者利益最大化目标的缺点：①采用多重价值最大化目标无法给企业管理者提供一个明确的目标函数，可能导致管理的混乱和无效率；②即使认可相关利益者的利益，也难以在多重相关利益者的利益之间，有时甚至是相互冲突的利益之间进行选择；③相关者利益最大化目标不能对管理者进行根本性的评价，反而会让管理者无法尽到他们对社会所应承担的责任。

二、现代财务管理目标相关的冲突

企业众多的利益相关者的利益不可能完全一致，企业的财务目标不可能让所有的利益相关者绝对满意，因此，会使得某些利益相关者之间产生一定的利益冲突。这些利益冲突是否能被有效协调直接关系到财务目标的实现程度。若想有效协调这些利益冲突，则必须了解这些利益冲突及产生的根源。

（一）股东与管理层的利益冲突

并不是所有的股东都懂经营，而资本只有运动起来才可能增值，现代公司制企业强调企业所有权与经营权分离，为那些不懂经营却想为自己掌握的资本寻找增值机会的人以及懂经营却没有资本的人（职业经理人）提供了一个合作的契机，实现资源、人力的最优化配置。股东聘用职业经理人来帮他们管理企业，这些职业经理人被称为管理层。部分管理层追求个人收入最大化，社会地位、声誉的提高，权力的扩大及舒适的工作条件，但股东则追求公司利润和股东权益最大化。

由于信息的不对称，当管理层期望的回报得不到满足时，则有可能会通过消极怠工、在职消费、利用企业资源谋取私利等手段寻求心理平衡，最终股东的利益亦将受到伤害，由此便产生了股东与管理层之间的利益冲突。

（二）大股东与中小股东的利益冲突

企业的股东众多，若每个股东希望自己的意愿在企业得以实现，则企业的运作秩序将会陷入紊乱。因此股东们需要遵循一定的股东会表决制度将意愿合法地表达出来。当前股东会有"资本多数决"及"多重表决"两种制度。资本多数决制度是指在股东大会上或者股东会上，股东按照其所持股份或者出资比例对企业重大事项行使表决权，经代表多数表决权的股东通过，方能形成决议。此种情况下，企业股本结构按同股同权的原则设计，股东持有的股份越多，出资比例越大，所享有的表决权就越大。多重表决制度是指一股享有多个表决权的股份，其是建立在双重股权结构基础之上的。

双重股权结构是指上市公司股本可以同股不同权，通常是一般股东一股一票，但公司少数高管可以一股数票。是否允许多重表决权股，各国规定颇不一致：日本一般不允许多重表决权股，美国则允许公司章程规定多重表决权股。我国最新《公司法》第四十二条规定"股东会会议由股东按照出资比例行使表决权；但是，公司章程另有规定的除外"。

在实行资本多数决策制度的企业，大股东在股东大会上对企业的重大决策及在选举董事上实质上都拥有绝对的控制权。若大股东控制并积极行使控制权来管理企业，中小股东可以用相对较低的成本获取收益，得到"搭便车"的好处；但是若大股东利用其垄断性的控制地位做出对自己有利而有损中小股东利益的行为，则大股东与中小股东之间即产生利益冲突。

（三）股东与债权人的利益冲突

企业的资金来源于股东投入的股权性质资金及债权人投入的债务性质的资金。当企业盈利时，股东权益增加，债权人的本金及利息偿付将会得到有力的保障；当企业亏损时，股东权益减少，但只要没有出现资不抵债的情况，债权人的利益仍是有保障的，其本金及利息仍将被全额偿付；当股东权益不断减少甚至接近零时，债权人的本金及利息将不会得到完全的清偿。

相比而言，企业股东的风险比企业债权人的风险偏高。有时股东会不考虑债权人的利益，投资于一些比债权人期望风险更高的项目，若成功，由于财务杠杆的作用，收益归股东所有，债权人不会得到额外收益；若失败导致股东权益为负时，债权人却将遭受损失。对债权人来说，这时的风险与报酬是不对等的。债权人为保护其利益不受损害，通常会与企业签订一个限制性的条款。但这些限制性条款又可能会影响股东获得更高收益，从而形成股东与债权人之间的利益冲突。

第三节　现代企业财务管理的环境

财务管理环境是指对企业财务活动和财务管理产生影响作用的企业内外部的各种条件。通过环境分析，提高企业财务行为对环境的适应能力、应变能力和利用能力，以便更好地实现企业财务管理目标。企业财务管理环境按其存在的空间，可分为内部财务环境和外部财务环境。内部财务环境主要内容包括企业资本实力、生产技术条件、经营管理水平和决策者的素质四个方面。由于内部财务环境，存在于企业内部，是企业可从总体上采取一定的措施施加控制和改变的因素。而外部财务环境，由于存在于企业外部，它们对企业财务行为的影响无论是有形的硬环境，还是无形的软环境，企业都难以控制和改变，更多地是适应和因势利导。因此本节介绍影响企业外部财务环境最主要三方面，包括法律环境、经济环境和金融市场环境等因素。

一、法律环境因素

财务管理的法律环境是指企业和外部发生经济关系时所应遵守的各种法律、法规和规章。市场经济是一种法治经济，企业的一切经济活动总是在一定法律规范范围内进行的。一方面，法律提出企业从事一切经济业务所必须遵守的规范，从而对企业的经济行为进行约束；另一方面，法律也为企业合法从事各项经济活动提供了保护。企业财务管理中应遵循的法律法规主要包括以下几种。

（1）企业组织法。企业是市场经济的主体，不同组织形式的企业所适用的法律不同。按照国际惯例，企业划分为独资企业、合伙企业和公司制企业。各国均有相应的法律来规范这三类企业的行为。因此，不同组织形式的企业在进行财务管理时，必须熟悉其企业组织形式对财务管理的影响，从而做出相应的财务决策。

（2）税收法规。税法是税收法律制度的总称，是调整税收征纳关系的法规规范。与企业相关的税种主要有五种：①所得税类。所得税类包括企业所得税、外商投资企业和外国企业所得税、个人所得税。②流转税类。流转税类包括增值税、消费税和城市维护建设税。③资源税类。资源税类包括资源税、土地使用税和土地增值税。④财产税类。即财产税。⑤行为税类。行为税类包括印花税、车船使用税和屠宰税。

（3）财务法规。企业财务法规制度是规范企业财务活动，协调企业财务关系的法令文件。我国目前企业财务管理法规制度有企业财务通则、行业财务制度和企业内部财务制度三个层次。

（4）其他法规。如《证券交易法》《票据法》《银行法》等。

从整体上说，法律环境对企业财务管理的影响和制约主要表现在三个方面：①在筹资活动中，国家通过法律规定了筹资的最低规模和结构。例如，《公司法》规定股份有限公司的注册资本的最低限额为人民币100万元，规定了筹资的前提条件和基本程序，同时对公司发行债券和股票的条件做出了严格的规定。②在投资活动中，国家通过法律规定了投资的方式和条件。例如，《公司法》规定股份公司的发起人可以用货币资金出资，也可以用实物、工业产权、非专利技术、土地使用权作价出资，规定了投资的基本程序、投资方向和投资者的出资期限及违约责任。又如，企业进行证券投资必须按照《证券法》所规定的程序来进行，企业投资必须符合国家的产业政策，符合公平竞争的原则。③在分配活动中，国家通过法律（如《税法》《公司法》《企业财务通则》及《企业财务制度》）规定了企业成本开支的范围和标准，企业应缴纳的税种及计算方法，利润分配的前提条件、利润分配的去向、一般程序及重大比例。在生产经营活动中，国家规定的各项法律也会引起财务安排的变动，或者在财务活动中必须予以考虑。

二、经济环境因素

财务管理作为一种微观管理活动，与其所处的经济管理体制、经济结构、经济发展状况及宏观经济调控政策等经济环境密切相关。

（1）经济管理体制。经济管理体制是指在一定的社会制度下，生产关系的具体形式以及组织、管理和调节国民经济的体系、制度、方式和方法的总称。经济管理体制分为宏观经济管理体制和微观经济管理体制两类。宏观经济管理体制是指整个国家宏观经济的基本经济制度，而微观经济管理体制是指一国的企业体制及企业与政府、企业与所有者的关系。宏观经济体制对企业财务行为的影响主要体现在：企业必须服从和服务于宏观经济管理体制，在财务管理的目标、财务主体、财务管理的手段与方法等方面与宏观经济管理体制的要求相一致。微观经济管理体制对企业财务行为的影响与宏观经济体制相联系，主要体现在如何处理企业与政府、企业与所有者之间的财务关系。

（2）经济结构。经济结构一般是指从各个角度考查社会生产和再生产的构成。经济结构包括产业结构、地区结构、分配结构及技术结构等。经济结构对企业财务行为的影响主要体现在产业结构上。一方面，产业结构会在一定程度上影响甚至决定财务管理的性质，不同产业所要求的资金规模或投资规模不同，不同产业所要求的资本结构也不一样；另一方面，产业结构的调整和变动要求财务管理做出相应的调整和变动，否则企业日常财务运作艰难，财务目标难以实现。

（3）经济发展状况。任何国家的经济发展都不可能呈长期的快速增长之势，而总是表现为"波浪式前进，螺旋式上升"的状态。当经济发展处于繁荣时期，经济发展速度较快，市场需求旺盛，销售额大幅度上升。企业为了扩大生产，需要增加投资，与此相适应则需筹集大量的资金，以满足投资扩张的需要。当经济发展处于衰退时期，经济发展速度缓慢，甚至出现负增长，企业的产量和销售量下降，投资锐减，资金时而紧缺、时而闲置，财务运作出现较大困难。另外，经济发展中的通货膨胀也会给企业财务管理带来较大的不利影响，主要表现在：资金占用额迅速增加；利率上升，企业筹资成本加大；证券价格下跌，筹资难度增加；利润虚增，资金流失。

（4）宏观经济调控政策。政府具有对宏观经济发展进行调控的职能。在一定时期，政府为协调经济发展，往往通过计划、财税和金融等手段对国民经济总运行机制及子系统提出一些具体的政策措施。这些宏观经济调控政策对企业财务管理的影响是直接的，企业必须按国家政策办事，否则将寸步难行。例如，国家采取收缩的调控政策时，会导致企业的现金流入减少、现金流出增加、资金紧张、投资压缩；反之，当国家采取扩张的调控政策时，企业财务管理则会出现与之相反的情形。

三、金融市场环境因素

金融市场是指资金筹集的场所。广义的金融市场，是指一切资本流动（包括实物资本和货币资本）的场所，其交易对象为货币借贷、票据承兑和贴现、有价证券的买卖、黄金和外汇买卖、办理国内外保险、生产资料的产权交换等。狭义的金融市场，一般是指有价证券市场，即股票和债券的发行和买卖市场。

（1）金融市场的分类：①按交易的期限，可分为短期资金市场和长期资金市场。短期资金市场是指期限不超过一年的资金交易市场，因为短期有价证券易于变成货币或作为货币使用，故也称"货币市场"；长期资金市场是指期限在一年以上的股票和债券交易市场，因为发行股票和债券主要用于固定资产等资本货物的购置，故也称"资本市场"。②按交易的性质，可分为发行市场和流通市场。发行市场是指从事新证券和票据等金融工具买卖的转让市场，也称"初级市场"或"一级市场"；流通市场是指从事已上市的旧证券或票据等金融工具买卖的转让市场，也称"次级市场"或"二级市场"。③按交易的直接对象，可分为同业拆借市场、国债市场、企业债券市场、股票市场及金融期货市场等。④按交割的时间，可分为现货市场和期货市场。现货市场是指买卖双方成交后，当场或几天之内买方付款、卖方交出证券的交易市场；期货市场是指买卖双方成交后，在双方约定的未来某一特定的时日才交割的交易市场。

（2）金融市场与企业财务活动。企业从事投资活动所需要资金，除了所有者投入以外，主要从金融市场取得。金融政策的变化必然影响企业的筹资与投资。因此，金融市场环境是企业最为主要的环境因素。它对企业财务活动的影响主要有以下几点。

第一，金融市场为企业提供了良好的投资和筹资的场所。当企业需要资金时，可在金融市场上选择合适的方式筹资，而当企业有闲置的资金，又可在市场上选择合适的投资方式，为其资金寻找出路。

第二，金融市场为企业的长短期资金相互转化提供方便。企业可通过金融市场将长期资金，如股票、债券，变现转为短期资金，也可通过金融市场购进股票、债券等，将短期资金转化为长期资金。

第三，金融市场为企业财务管理提供有意义的信息。金融市场的利率变动反映资金的供求状况，有价证券市场的行情反映投资人对企业经营状况和盈利水平的评价。这些都是企业生产经营和财务管理的重要依据。

（3）我国主要的金融机构包括：①中国人民银行，中国人民银行是我国的中央银行，它代表政府管理全国的金融机构和金融活动，管理国库。②政策银行，政策银行是指由政府设立，以贯彻国家产业政策、区域发展政策为目的，不以营利为目的的金融机构。我国目前有三家政策银行：国家开发银行、中国进出口银行和中国农业发展银行。③商业银行，商业银行是以经营存款、放款、办理转账结算为主要业务，以营利为主要经营目标的金融企业。我国商业银行有国有独资商业银行、股份制商业银行。④非银行金融机构，我国主要的非银行金融机构有保险公司、信托投资公司、证券机构、财务公司及金融租赁公司。

（4）金融市场利率。在金融市场上，利率是资金使用权的价格。其计算公式为：

利率＝纯利率＋通货膨胀附加率＋风险附加率

纯利率是指没有风险和通货膨胀情况下的平均利率。在没有通货膨胀时，国库券的利率可视为纯利率。

通货膨胀附加率是由于通货膨胀会降低货币的实际购买力，为弥补其购买力损失而在纯利率的基础上加上通货膨胀附加率。

风险附加率是由于存在违约风险、流动性风险和期限风险而要求在纯利率和通货膨胀之外附加的利率。其中：违约风险附加率是指为了弥补因债务人无法按时还本付息而带来的风险，由债权人要求附加的利率；流动性风险附加率是指为了弥补因债务人资产流动不好而带来的风险，由债权人要求附加的利率；期限风险附加率是指为弥补因偿债期限较长而带来的风险，由债权人要求附加的利率。

第四节　现代企业财务管理的价值观念

一、货币时间价值观念

"货币时间价值观念是现代财务管理的基础观念之一，它揭示了不同时点上资金之间的换算关系，是财务决策的基本依据。"[1] 为此，必须了解货币时间价值的概念。

---

[1]　李燕，张永钢. 企业财务管理［M］. 南京：东南大学出版社，2017：16.

（1）货币时间价值概念。货币的时间价值是一定量的货币在不同时点上价值量的差额。马克思认为，货币本身不能带来价值，只有投入到生产领域转化为劳动资料、劳动对象，再和一定的劳动相结合才能产生价值，这些价值最终还需在流通中才能实现。新增的价值是工人创造的，一部分作为工资支付给了工人，剩余的部分则归各类资本所有者所有。

马克思在《资本论》中精辟地论述了剩余价值转化为利润、社会平均利润的过程。最后，在不考虑风险的情况下，投资于不同行业的资金会获得大体相当的投资报酬率。马克思揭示了货币时间价值的本质是资金周转使用而产生的增值额，是劳动者创造的剩余价值的一部分。此外，通货膨胀也会影响货币的实际购买力，资金的供应者在通货膨胀的情况下，必须要求索取更高的报酬以补偿其购买力损失，这部分补偿称为"通货膨胀贴水"。可见货币在生产经营过程中产生的报酬还包括货币资金提供者要求的风险报酬和通货膨胀贴水。因此，货币时间价值是扣除风险报酬和通货膨胀贴水后的社会平均利润率。货币时间价值有相对数、绝对数两种表达形式。相对数形式即时间价值率，是扣除风险报酬和通货膨胀贴水后的社会平均利润率；绝对数形式即时间价值额，是资金与时间价值率的乘积。两种表示方法中，用相对数表达的情况较多一些。

银行存款利率、贷款利率、股利率等各种投资报酬率与时间价值在形式上没有区别，但实质上，这些投资报酬率只有在没有风险和通货膨胀的情况下才与货币时间价值相等。一般来说，一个政治、经济稳定的国家的国债利率可以近似地认为是没有风险的投资报酬率。

为了分层次、由简到难研究问题，在论述货币时间价值时采用抽象分析法，一般假定没有风险、没有通货膨胀情况下的利率代表时间价值率。

（2）现值与终值。货币时间价值的计算是将不同时点发生的现金流量进行时间基础的转换。通常会借助现金流量时间轴来计算。现金流量时间轴是计算货币资金时间价值的一个重要工具，它可以直观、便捷地反映资金运动发生的时间和方向。

（3）现金流模式。企业中常见的现金流模式类型一般包括三种：一次性款项、年金及不规则现金流。一次性款项通常指某段时间内特定时点上发生的某项一次性付款（或收款）业务，经过一段时间后发生与此相关的一次性收款（或付款）业务。年金则是指某段时间内每间隔相等时间段就发生的相同金额的多次付款（或收款）业务。不规则现金流是指某段时间内发生多次不同金额的付款（或收款）业务。

（4）计息法。在计息和贴现两种计算中，根据利息的计算方法不同分为单利法、复利法。单利法是指只就本金计算利息，本期产生的利息在以后时期不再计算利息。复利法是指不仅就本金计算利息，本期产生的利息在以后时期也要作为下一期的本金计算利息，俗称"利滚利"。

单利法计算简单，操作容易，也便于理解，银行存款计息和到期一次还本付息的国债都采取单利计息的方式。但是对于投资者而言，每一期收到的利息都是会进行再投资的，不会有人把利息收入原封不动地放在钱包里，至少存入银行也是会得到活期存款收益的。因此，复利法是更为科学的计算投资收益的方法。现代企业理财中，均是采用复利法进行投资决策的，本书若非特别说明，凡是涉及资金时间价值的计算均是采用复利法进行计算。

二、风险价值观念

（一）风险概念

对于大多数投资者而言，个人或企业当前投入资金是因为希望在未来会赚取更多的资金，即报酬。报酬可以用绝对数或相对数来表示。绝对数即赚取的资金额，报酬率即报酬额与投资额的比率。

人们一般从性质上把风险分为静态风险和动态风险两种。静态风险是指事件一旦发生只能产生损失而无获利可能的风险，其结果是损坏性的。动态风险是指未来结果与期望的偏离，其具有两面性，既有未来实际结果大于期望（经济上获利）的可能，又有未来实际结果小于期望（经济上受损）的可能。很多人习惯性地认为风险仅是指未来会产生损失，即认同静态风险，这种观点不适用于财务决策。财务活动的风险属于动态风险。风险是客观存在的，按风险的程度，可以把企业的财务决策分为三种类型。

（1）确定性决策。决策者对未来的情况是完全确定的或已知的，这种决策被称为"确定性决策"。

（2）风险性决策。决策者对未来的情况不能完全确定，但不确定性出现的可能性——概率的具体分布是已知的或可以估计的，这种情况下的决策称为"风险决策"。

（3）不确定性决策。决策者不仅对未来的情况不能完全确定，而且对不确定性可能出现的概率也不清楚，这种情况下的决策称为不确定性决策。不确定性决策不是没有风险，而是风险更大。

从理论上讲，不确定性是无法计量的，但在实务中，通常会主观估算一个概率，这样就与风险性决策类似了。本书主要集中对风险性决策的讨论。投资者之所以愿意冒风险进行投资是希望获得高于社会平均利润的报酬，如果投资高科技项目的期望报酬率与短期国库券一样，那么几乎没有投资者会愿意承担风险。

（二）风险报酬与风险投资决策

（1）风险报酬。风险报酬是指投资者冒风险进行投资而获得的报酬。风险报酬是因人而异的，它取决于投资者对风险的厌恶程度。风险厌恶程度高的投资者对同一风险要求的补偿比风险厌恶程度低的投资者要求的补偿高。

标准离差率只能正确反映投资项目风险程度的大小，还无法将风险与风险报酬结合起来。无论在理论上还是在实践上，都很难告诉投资者应该为多高的风险要求多少收益补偿，只有投资者自己才能决定。

（2）风险投资决策。一般情况下，投资者决定投资一个风险项目的必要条件应是其可得到的风险报酬率大于或等于其要求的风险报酬率。此即单个风险投资项目的决策原则。若投资者有多个风险投资项目可供选择，从单个角度来看，每个风险项目均是可取的，但只能在这些项目中选取一个进行投资，如果两个项目期望报酬率相同、标准差不同，理性投资者会选择标准差较小，即风险较小的那个。类似地，如果两项目具有相同风险，但期望报酬率不同，理性投资者会选择期望报酬率较高的项目。因为投资者都希望冒尽可能小的风险，而获得尽可能高的报酬。如果两个项目中，一项期望报酬率较高同时标准差较小，另一项期望报酬率较低同时标准差较高，则投资者当然会选择期望报酬率较高同时标准差较小的项目。如果两个项目中，一项期望报酬率较高同时标准差也较高，另一项期望报酬率较低同时标准差也低，则投资者只能根据自己的风险偏好来进行决策了。比较敢于冒风险的投资者往往选择前者，比较稳健或保守的公司常常会选择后者。

（三）投资组合风险与报酬

（1）系统性风险和非系统性风险。风险按其是否具有分散性还可以分为系统性风险和非系统性风险。

系统性风险是指那些对一定范围内所有企业产生影响的因素引起的风险。这类风险涉及一定范围内的所有投资对象，即使通过多角化投资也不能被分散掉，因此又被称为"不可分散风险"或"市场风险"。当然，这种风险对不同公司的影响程度会有所不同。非系统性风险是指个别企业的特有事件造成的风险。这类事件是随机发生的，非系统风险只影响一个或少数几个企业，而不会对整个市场产生太大的影响，可以通过多角化投资来分散（发生于某一家公司的不利事件可以被其他公司的有利事件所抵消），因此又被称为"可分散风险""公司特有风险"或"可分散风险"。

系统风险与非系统风险的划分并非是绝对的，其前提条件是在一定范围内。当范围内扩大后，原本在某一定范围内的系统性风险有可能会转化为非系统性风险；反之，非系统性风险有可能会转化为系统性风险。

投资者进行投资时，一般不应把资金全部投资于某一个项目，应综合考虑各种投资方案的风险与收益的关系，寻求将风险分散的可能途径，这个可能途径就是投资组合。下面将以证券投资为例来阐述投资组合的风险分散及其风险的计算。

（2）证券投资组合的报酬。证券投资组合是指同时投资于多种证券的方式。证券组合的报酬是指组合中单项证券报酬的加权平均值，权重为整个组合中投入各项证券的资金占投资总额的比重。

（3）证券投资组合的风险分散原理。证券投资组合的目的是为了分散风险，并不是说进行证券投资组合可以分散所有的风险。一方面，由于投资组合的系统性风险是对组合内的所有企业均产生影响的，只是产生影响的程度不一定相等。因此只能通过分散化投资消减一部分系统性风险，而不可能将其全部分散掉。另一方面，投资组合中各投资项目之间的相关性也对风险分散的效应产生影响。

事实上，多数股票的报酬都呈正相关关系，但并非完全正相关。平均而言，随机选择两只股票，其报酬的相关系数大约为0.6，且对于多数股票来说，其报酬的两两相关系数在0.5~0.7。在此情况下，股票投资组合能降低风险，但不能完全消除风险。而如果股票种类较多，能分散掉大部分非系统性风险；组合中不同行业的证券个数达到约40个时，绝大多数非系统风险均已被消除掉，如果继续增加证券数目，对分散风险已经没有多大的实际意义，只能增加管理成本。

（4）证券投资组合的风险衡量。在有效的资本市场中，投资人是理智的，会选择充分的投资组合以分散非系统性风险，因此承担此风险没有回报（换句话说，市场不会给那些不必要的风险以回报）。因此在确定一项投资组合的风险报酬时，只要考虑系统性风险的那部分就可以了。

（5）证券投资组合的风险报酬。投资者进行证券组合投资与进行单项投资一样，都要求对所承担的风险进行补偿，股票的风险越大，要求的报酬越高。但与单项投资不同，证券组合投资要求补偿的风险只是系统性风险，而不要求对可分散风险进行补偿。如果可分散风险的补偿存在，善于科学地进行投资组合的投资者将会购买这部分股票，并抬高其价格，其最后的报酬率只反映市场风险。因此，证券组合的风险报酬率是投资者因承担不可分散风险而要求的、超过时间价值的那部分额外报酬率。

第二章 大数据引领现代企业财务管理变革

第一节 大数据对财务管理的影响

一、信息时代背景分析

大数据时代悄然来临，带来了信息技术发展的巨大变革，并深刻影响着社会生产和人民生活的方方面面。在全球范围内，世界各国政府均高度重视大数据技术的研究和产业发展，纷纷把大数据上升为国家战略重点加以推进。企业和学术机构纷纷加大技术、资金和人员投入力度，加强对大数据关键技术的研发与应用，以期在信息时代中占得先机、引领市场。大数据的影响力和作用力正迅速触及社会的每个角落，所到之处，或是颠覆，或是提升，都让人们深切感受到了大数据实实在在的威力。

（一）信息时代——大数据时代的到来

第三次信息化浪潮涌动，大数据时代全面开启。人类社会信息科技的发展为大数据时代的到来提供了技术支撑，而数据产生方式的变革是促进大数据时代到来的至关重要因素。根据 IBM 前首席执行官郭士纳的观点，IT 领域每隔 15 年就会迎来一次重大变革。1980 年前后，个人计算机（PC）开始普及，使得计算机走入企业和千家万户，大大提高了社会生产力，也使人类迎来了第一次信息化浪潮，Intel、IBM、苹果、微软、联想等企业是这个时期的标志。随后，在 1995 年前后，人类开始全面进入互联网时代，互联网的普及把世界变成"地球村"，每个人都可以自由徜徉于信息的海洋，由此，人类迎来了第二次信息化浪潮，这个时期也缔造了雅虎、谷歌、阿里巴巴、百度等互联网巨头。时隔 15 年，在 2010 年前后，云计算、大数据、物联网的快速发展，拉开了第三次信息化浪潮的大幕，2020 年，大数据时代已经到来，也必将涌现出一批新的市场标杆企业。

1. 信息科技为大数据时代提供技术

信息科技需要解决信息存储、信息传输和信息处理三个核心问题，人类社会在信息科技领域的不断进步，为大数据时代的到来提供了技术支撑。

（1）存储设备容量不断增加。数据被存储在磁盘、磁带、光盘、闪存等各种类型的存储介质中，随着科学技术的不断进步，存储设备的制造工艺不断升级，容量大幅增加，速度不断提升，价格却在不断下降。

早期的存储设备容量小、价格高、体积大，例如，IBM 在 1956 年生产的一个早期的商业硬盘，容量只有 5MB，不仅价格昂贵，而且体积有一个冰箱那么大。相反，今天容量为 1TB 的硬盘，大小只有 3.5 英寸（约 8.89cm），读写速度达到 200MB/S，价格仅为 400 元左右。廉价、高性能的硬盘存储设备，不仅提供了海量的存储空间，而且大大降低了数据存储成本。

与此同时，以闪存为代表的新型存储介质也开始得到大规模的普及和应用。闪存是一种新兴的半导体存储器，从 1989 年诞生第一款闪存产品开始，闪存技术不断获得新的突破，并逐渐在计算机存储产品市场中确立了自己的重要地位。闪存是一种非易失性存储器，即使发生断电也不会丢失数据。因此，可以作为永久性存储设备，它具有体积小、质量轻、能耗低、抗振性好等优良特性。闪存芯片可以被封装制作成 SD 卡、U 盘和固态盘等各种存储产品，SD 卡和 U 盘主要用于个人数据存储，固态盘则越来越多地应用于企业级数据存储。一个 32GB 的 SD 卡，体积只有 24mm×32mm×2.1mm，质量只有 0.5g。以前 7200r/min 的硬盘，一秒钟读写次数只有 100IOPS（Input/Output Operations PerSecond），传输速率只有 50MB/S，而现在基于闪存的固态盘，每秒钟读写次数有几万甚至更高的 IOPS，访问延迟只有几十微秒，允许以更快的速度读写数据。

总体而言，数据量和存储设备容量二者之间是相辅相成、互相促进的。一方面，随着数据的不断产生，需要存储的数据不断增加，对存储设备的容量提出了更高的要求，促使存储设备生产商制造更大容量的产品满足市场需求；另一方面，更大容量的存储设备进一步加快了数据量增长的速度。在存储设备价格高企的年代，由于考虑到成本问题，一些不必要或当前不能明显体现价值的数据往往会被丢弃。但是，随着单位存储空间价格的不断降低，人们开始倾向于把更多的数据保存起来，以期在未来某个时刻可以用更先进的数据分析工具从中挖掘价值。

（2）CPU 处理能力大幅提升。CPU 处理速度的不断提升也是促使数据量不断增加的重要因素。性能不断提升的 CPU，大大提高了处理数据的能力，使得人们可以更快地处理不断累积的海量数据。从 20 世纪 80 年代至今，CPU 的制造工艺不断提升，晶体管数量不断增加，运行频率不断提高，核心（Core）数量逐渐增多，而同等价格所能获得的 CPU

处理能力也呈几何级数上升。在 30 多年里，CPU 的处理速度已经从 10MHz 提高到 3.6GHz，在 2013 年之前的很长一段时期，CPU 处理速度的增加一直遵循"摩尔定律"，性能每隔 18 个月提高一倍，价格下降一半。

（3）网络带宽不断增加。1977 年，世界上第一条光纤通信系统在美国芝加哥市投入商用，该光纤数据传输速率为 45Mb/s，从此，人类社会的信息传输速度不断被刷新。进入 21 世纪，世界各国更是纷纷加大宽带网络建设力度，不断扩大网络覆盖范围和传输速度。与此同时，移动通信宽带网络迅速发展，4G 网络基本普及，5G 网络覆盖范围不断加大，各种终端设备可以随时随地传输数据。大数据时代，信息传输不再遭遇网络发展初期的瓶颈和制约。

2. 数据产生方式的变革促成信息时代的来临

数据是人们通过观察、实验或计算得出的结果。数据和信息是两个不同的概念。信息是较为宏观的概念，它由数据的有序排列组合而成，传达给读者某个概念方法等；而数据则是构成信息的基本单位，离散的数据没有任何实用价值。数据有很多种，比如数字、文字、图像和声音等。随着人类社会信息化进程的加快，在日常生产和生活中每天都会产生大量的数据，比如商业网站、政务系统、零售系统、办公系统、自动化生产系统等，每时每刻都在不断产生数据。

数据已经渗透到当今每一个行业和业务职能领域，成为重要的生产因素，从创新到所有决策，数据推动着企业的发展，并使得各级组织的运营更为高效，可以这样说，数据将成为每个企业获取核心竞争力的关键要素。数据资源已经和物质资源、人力资源一样成为国家的重要战略资源，影响着国家和社会的安全、稳定与发展，因此，数据也被称为"未来的石油"。

数据产生方式的变革，是促成大数据时代来临的重要因素。总体而言，人类社会的数据产生方式大致经历了三个阶段：运营式系统阶段、用户原创内容阶段和感知式系统阶段。

（1）运营式系统阶段。人类社会最早大规模管理和使用数据，是从数据库的诞生开始的。大型零售超市销售系统、银行交易系统、股市交易系统、医院医疗系统、企业客户管理系统等大量运营式系统，都是建立在数据库基础之上的，数据库中保存了大量结构化的企业关键信息，用来满足企业各种业务需求。在这个阶段，数据的产生方式是被动的，只有当实际的企业业务发生时，才会产生新的记录并存入数据库。

（2）用户原创内容阶段。互联网的出现，使得数据传播更加快捷，不需要借助于磁盘、磁带等物理存储介质传播数据，网页的出现进一步加速了大量网络内容的产生，从而使得人类社会数据量开始呈现"井喷式"增长。大量的上网用户本身就是内容的生成者，尤其是随着移动互联网和智能手机终端的普及，人们更是可以随时随地使用手机发微博、传照片，数据量开始急剧增加。

（3）感知式系统阶段。物联网的发展最终导致了人类社会数据量的第三次跃升。物联网中包含大量传感器，如温度传感器、湿度传感器、压力传感器、位移传感器、光电传感器等，此外，视频监控摄像头也是物联网的重要组成部分。物联网中的这些设备，每时每刻都在自动产生大量数据，物联网中的自动数据产生方式，将在短时间内生成更密集、更大量的数据，使得人类社会迅速步入"大数据时代"。

（二）大数据对信息时代的影响

大数据对科学研究、思维方式和社会发展都具有重要而深远的影响。在科学研究方面，大数据使得人类科学研究在经历了实验、理论、计算三种范式之后，迎来了第四种范式——数据；在思维方式方面，大数据具有"全样而非抽样、效率而非精确、相关而非因果"三大显著特征，完全颠覆了传统的思维方式；在社会发展方面，大数据决策逐渐成为一种新的决策方式，大数据应用有力促进了信息技术与各行业的深度融合，大数据开发大大推动了新技术和新应用的不断涌现；在就业市场方面，大数据的兴起使得数据科学家成为热门人才；在人才培养方面，大数据的兴起将在很大程度上改变我国高校信息技术相关专业的现有教学和科研体制。

1. 对科学研究的影响

图灵奖获得者、著名数据库专家吉姆·格雷（Jim Grav）博士观察并总结认为，人类自古以来在科学研究上先后历经了实验、理论、计算和数据四种范式。

（1）第一种范式：实验科学。在最初的科学研究阶段，人类采用实验来解决一些科学问题，著名的比萨斜塔实验就是一个典型实例。1590 年，伽利略在比萨斜塔上做了"两个铁球同时落地"的实验，得出了重量不同的两个铁球同时下落的结论，从此推翻了亚里士多德"物体下落速度和重量成比例"的学说，"纠正了这个持续了 1900 年之久的错误结论"。

（2）第二种范式：理论科学。实验科学的研究会受到当时实验条件的限制，难以完成对自然现象更精确的理解。随着科学的进步，人类开始采用各种数学、几何、物理等理论，构建问题模型和解决方案。比如，牛顿第一定律、牛顿第二定律、牛顿第三定律构成了牛顿力学的完整体系，奠定了经典力学的概念基础，它的广泛传播和运用对人们的生活和思想产生了重大影响，在很大程度上推动了人类社会的发展与进步。

（3）第三种范式：计算科学。随着 1946 年人类历史上第一台电子数字计算机 ENIAC 的诞生，人类社会开始步入计算机时代，科学研究也进入了一个以"计算"为中心的全新时期。在实际应用中，计算科学主要用于对各个科学问题进行计算机模拟和其他形式的计算。通过设计算法并编写相应程序输入计算机运行，人类可以借助于计算机的高速运算能力去解决各种问题。计算机具有存储容量大、运算速度快、精度高、可重复执行等特点，是科学研究的利器，推动了人类社会的飞速发展。

（4）第四种范式：数据密集型科学。随着数据的不断累积，其宝贵价值日益得到体现，物联网和云计算的出现，更是促成了事物发展从量变到质变的转变，使人类社会开启了全新的大数据时代。这时，计算机将不仅能做模拟仿真，还能进行分析总结，得到理论。

在大数据环境下，一切将以数据为中心，从数据中发现问题、解决问题，真正体现数据的价值。大数据将成为科学工作者的宝藏，从数据中可以挖掘未知模式和有价值的信息，服务于生产和生活，推动科技创新和社会进步。虽然第三种范式和第四种范式都是利用计算机来进行计算，但两者还是有本质的区别的。在第三种研究范式中，一般是先提出可能的理论，再搜集数据，然后通过计算来验证。而对于第四种研究范式，则是先有了大量已知的数据，然后通过计算得出之前未知的理论。

2. 对思维方式的影响

维克托·迈尔·舍恩伯格在《大数据时代：生活、工作与思维的大变革》一书中明确指出，大数据时代最大的转变就是思维方式的 3 种转变：全样而非抽样、效率而非精确、相关而非因果。

（1）全样而非抽样。过去，由于数据存储和处理能力的限制，在科学分析中，通常采用抽样的方法，即从全集数据中抽取一部分样本数据，通过对样本数据的分析来推断全集数据的总体特征。通常，样本数据规模要比全集数据小很多，因此，可以在可控的代价内实现数据分析的目的。

现在，人们已经迎来大数据时代，大数据技术的核心就是海量数据的存储和处理，分布式文件系统和分布式数据库技术提供了理论上近乎无限的数据存储能力，分布式并行编程框架 Map Reduce 提供了强大的海量数据并行处理能力。因此，有了大数据技术的支持，科学分析完全可以直接针对全集数据而不是抽样数据，并且可以在短时间内迅速得到分析结果，速度之快，超乎想象。就像前面已经提到过的，谷歌公司的 Dremel 可以在 2~3s 内完成 PB 级别数据的查询。

（2）效率而非精确。过去，在科学分析中采用抽样分析方法，就必须追求分析方法的精确性，因为抽样分析只是针对部分样本的分析，其分析结果被应用到全集数据以后，误差会被放大，这就意味着，抽样分析的微小误差被放大到全集数据以后，可能会变成一个很大的误差。因此，为了保证误差被放大到全集数据时仍然处于可以接受的范围，就必须确保抽样分析结果的精确性。

正是由于这个原因，传统的数据分析方法往往更加注重提高算法的精确性，其次才是提高算法效率。现在，大数据时代采用全样分析而不是抽样分析，全样分析结果就不存在误差被放大的问题。因此，追求高精确性已经不是其首要目标；相反，大数据时代具有"秒级响应"的特征，要求在几秒内就迅速给出针对海量数据的实时分析结果，否则就会丧失数据的价值，因此，数据分析的效率成为关注的核心。

（3）相关而非因果。过去，数据分析的目的，一方面是解释事物背后的发展机理；另一方面是用于预测未来可能发生的事件。不管是哪个目的，其实都反映了一种"因果关系"。但是，在大数据时代，因果关系不再那么重要，人们转而追求"相关性"而非"因果性"。比如，人们去淘宝网购物时，当购买了一个汽车防盗锁以后，淘宝网还会自动提示我们，购买相同物品的其他客户还购买了汽车坐垫，也就是说，淘宝网只会告诉我们"购买汽车防盗锁"和"购买汽车坐垫"之间存在相关性，但是并不会告诉我们为什么其他客户购买了汽车防盗锁以后还会购买汽车坐垫。

3. 对社会发展的影响

大数据将会对社会发展产生深远的影响，具体表现在以下三个方面：大数据决策成为一种新的决策方式，大数据应用促进信息技术与各行业的深度融合，大数据开发推动新技术和新应用的不断涌现。

（1）大数据决策成为一种新的决策方式。根据数据制定决策，并非大数据时代所特有。从 20 世纪 90 年代开始，数据仓库和商务智能工具就开始大量用于企业决策。发展到今天，数据仓库已经是一个集成的信息存储仓库，既具备批量和周期性的数据加载能力，也具备数据变化的实时探测、传播和加载能力，并能结合历史数据和实时数据实现查询分析和自动规则触发，从而提供对战略决策（如宏观决策和长远规划等）和战术决策（如实时营销和个性化服务等）的双重支持。

但是，数据仓库以关系数据库为基础，无论是在数据类型，还是数据量方面都存在较大的限制。现在，大数据决策可以面向类型繁多的、非结构化的海量数据进行决策分析，已经成为受到追捧的全新决策方式。

（2）大数据应用促进信息技术与各行业的深度融合。互联网、银行、保险、交通、材料、能源、服务等行业领域，不断累积的大数据将加速推进这些行业与信息技术的深度融合，开拓行业发展的新方向。比如，大数据可以帮助快递公司选择运费成本最低的最佳行车路径，协助投资者选择收益最大化的股票投资组合，辅助零售商有效定位目标客户群体，帮助互联网公司实现广告精准投放，还可以让电力公司做好配送电计划确保电网安全等。总之，大数据所触及的每个角落，社会生产和生活都会因之而发生巨大且深刻的变化。

（3）大数据开发推动新技术和新应用的不断涌现。大数据的应用需求是大数据新技术开发的源泉。在各种应用需求的强烈驱动下，各种突破性的大数据技术将被不断提出并得到广泛应用，数据的能量也将不断得到释放。在不远的将来，原来那些依靠人类自身判断力的领域应用，将逐渐被各种基于大数据的应用所取代。

4. 对就业市场的影响

大数据的兴起使得数据科学家成为热门人才。2010 年的时候，在高科技劳动力市场上还很难见到数据科学家的头衔，但此后，数据科学家逐渐发展成为市场上最热门的职位之一，具有广阔发展前景，并代表着未来的发展方向。

互联网企业和零售、金融类企业都在积极争夺大数据人才，数据科学家成为大数据时代最紧缺的人才。根据针对中国市场的一次调研结果显示，中国用户目前还主要局限在结构化数据分析方面，尚未进入通过对半结构化和非结构化数据进行分析、捕捉新的市场空间的阶段。但是，大数据中包含了大量的非结构化数据，未来将会产生大量针对非结构化数据分析的市场需求，因此，未来中国市场对掌握大数据分析专业技能的数据科学家的需求会逐年递增。

尽管有少数人认为未来有更多的数据会采用自动化处理，会逐步降低对数据科学家的需求，但是仍然有更多的人认为，随着数据科学家给企业所带来的商业价值的日益体现，市场对数据科学家的需求会越发旺盛。

5. 对人才培养的影响

大数据的兴起将在很大程度上改变中国高校信息技术相关专业的现有教学和科研体制。一方面，数据科学家是一个需要掌握统计、数学、机器学习、可视化、编程等多方面知识的复合型人才。在中国高校现有的学科和专业设置中，上述专业知识分布在数学、统计和计算机等多个学科中，任何一个学科都只能培养某个方向的专业人才，无法培养全面掌握数据科学相关知识的复合型人才。另一方面，数据科学家需要大数据应用实战环境，在真正的大数据环境中不断学习、实践并融会贯通，将自身技术背景与所在行业业务需求进行深度融合，从数据中发现有价值的信息。但是目前大多数高校还不具备这种培养环境，不仅缺乏大规模基础数据，也缺乏对领域业务需求的理解。

鉴于上述两个原因，目前国内的数据科学家并不是由高校培养的，而主要是在企业实际应用环境中通过边工作边学习的方式不断成长起来的，其中，互联网领域集中了大多数的数据科学家。

在未来的 5~10 年，市场对数据科学家的需求会日益增加，不仅互联网企业需要数据科学家，类似金融、电信这样的传统企业在大数据项目中也需要数据科学家。由于高校目前尚未具备大量培养数据科学家的基础和能力，传统企业很可能会从互联网行业"挖墙脚"，来满足企业发展对数据分析人才的需求，继而造成用人成本高企，制约企业的成长壮大。因此，高校应该秉承"培养人才、服务社会"的理念，充分发挥科研和教学综合优势，培养一大批具备数据分析基础能力的数据科学家，有效缓解数据科学家的市场缺口，为促进经济社会发展做出更大贡献。

目前，国内很多高校开始设立大数据专业或者开设大数据课程，加快推进大数据人才培养体系的建立。2014年，中国科学院大学开设首个"大数据技术与应用"专业方向，面向科研发展及产业实践，培养信息技术与行业需求结合的复合型大数据人才；2014年清华大学成立数据科学研究院，推出多学科交叉培养的大数据硕士项目；2015年10月，复旦大学大数据学院成立，在数学、统计学、计算机、生命科学、医学、经济学、社会学、传播学等多学科交叉融合的基础上，聚焦大数据学科建设、研究应用和复合型人才培养；2016年9月，华东师范大学数据科学与工程学院成立，新设置的本科专业"数据科学与工程"，是华东师大除"计算机科学与技术"和"软件工程"以外，第三个与计算机相关的本科专业。厦门大学于2013年开始在研究生层面开设大数据课程，并建设了国内高校首个大数据课程公共服务平台，2018年，中国传媒大学等248所高校获批开设该专业，增长呈井喷之势。

高校培养数据科学家需要采取"两条腿"走路的策略，即"引进来"和"走出去"。

所谓"引进来"，是指高校要加强与企业的紧密合作，从企业引进相关数据，为学生搭建起接近企业应用实际的、仿真的大数据实战环境，让学生有机会理解企业业务需求和数据形式，为开展数据分析奠定基础，同时从企业引进具有丰富实战经验的高级人才，承担起数据科学家相关课程教学任务，切实提高教学质量、水平和实用性。

所谓"走出去"，是指积极鼓励和引导学生走出校园，进入互联网、金融、电信等具备大数据应用环境的企业去开展实践活动，同时努力加强产、学、研合作，创造条件让高校教师参与到企业大数据项目中，实现理论知识与实际应用的深层次融合，锻炼高校教师的大数据实战能力，为更好地培养数据科学家奠定了基础。

在课程体系的设计上，高校应该打破学科界限，设置跨院系跨学科的"组合课程"，由来自计算机、数学、统计等不同院系的教师构建联合教学师资力量，多方合作，共同培养具备大数据分析基础能力的数据科学家，使其全面掌握包括数学、统计学、数据分析、商业分析和自然语言处理等在内的系统知识，具有独立获取知识的能力，并具有较强的实践能力和创新意识。

二、大数据基础与发展

对于"大数据"（Big Data），研究机构高德纳（Gartner）给出了相关的定义，即"大数据"是需要新处理模式才能够具有更强的决策力、洞察发现力以及流程优化能力的海量、高增长率和多样化的信息资产。

大数据技术的战略意义不在于掌握了庞大的数据信息，而在于对这些具有重要意义的数据进行专业化的处理。换言之，如果将大数据看作是一种产业，那么这种产业实现盈利的关键，就在于提高对数据的"加工能力"，通过"加工"实现数据的"增值"[①]。

从技术方面来看，大数据与云计算的关系就好像一枚硬币的正面与反面一样密不可分。大数据不能通过单台的计算机进行有效处理，而必须要采取分布式架构。它的主要特色在于对海量数据进行分布式数据挖掘，但是其必须依托云计算的分布式处理、分布式数据库和云存储及虚拟化技术。

随着云时代的到来，大数据也引起了越来越多的关注。"著云台"的分析师团队认为，大数据一般是用来形容一个公司创造的大量非结构化数据与半结构化数据的，这些数据在下载到关系型数据库用于分析的时候会花费比较多的时间和金钱。大数据分析经常会同云计算联系在一起，因为实时的大型数据集分析需要像 Map Reduce 一样的框架来向数十、数百，甚至数千的计算机分配工作。

适用于大数据的技术，包括大规模并行处理（MPP）数据库、数据挖掘电网、分布式文件系统、分布式数据库、云计算平台、互联网和可扩展的存储系统。

（一）大数据的"4V"特点

随着大数据时代的到来，"大数据"已经成为互联网信息技术行业的流行词汇。大数据具有"4V"的特点，即海量的数据规模（Volume），多样的数据类型（Variety），快速的数据流转和动态的数据体系（Velocity），以及巨大的数据价值（Value）。

1. 海量的数据规模

人类进入信息社会以后，数据以自然方式增长，其产生不以人的意志为转移。从 1986 年开始到 2021 年的 30 多年时间里，全球数据的数量增长了 700 倍，今后的数据量增长速度将更快，人们正生活在一个"数据爆炸"的时代。今天，世界上有 76% 的设备是联网的，大约 80% 的上网设备是计算机和手机，而在不远的将来，将有更多的用户成为网民，

---

① 张理华. 大数据时代高校图书馆信息服务创新研究 [M]. 北京：北京理工大学出版社，2019：2-3.

汽车、电视、家用电器、生产机器等各种设备也将接入互联网。随着移动互联网的快速发展，人们已经可以随时随地、随心所欲地发布包括微博、微信等在内的各种信息。以后，随着物联网的推广和普及，各种传感器和摄像头将遍布人们工作和生活中的各个角落，这些设备每时每刻都在自动产生大量数据。

各种数据产生速度之快，产生数量之大，已经远远超出人类可以控制的范围，"数据爆炸"成为大数据时代的鲜明特征。根据著名咨询机构 IDC（Internet Data Center）做出的估测，人类社会产生的数据一直都在以每年 50% 的速度增长，也就是说，每两年就增加一倍，被称为"大数据摩尔定律"。这意味着，人类在最近两年产生的数据量相当于之前产生的全部数据量之和。

2. 多样的数据类型

大数据的数据来源众多，科学研究、企业应用和 Web 应用等都在源源不断地生成新的数据。生物大数据、交通大数据、医疗大数据、电信大数据、电力大数据、金融大数据等都呈现"井喷式"增长，所涉及的数量十分巨大。

大数据的数据类型丰富，包括结构化数据和非结构化数据，其中，结构化数据占 10% 左右，主要是指存储在关系数据库中的数据；非结构化数据占 90% 左右，种类繁多，主要包括邮件、音频、视频、微信、微博、位置信息、链接信息、手机呼叫信息、网络日志等。

如此类型繁多的异构数据，对数据处理和分析技术提出了新的挑战，也带来了新的机遇。传统数据主要存储在关系数据库中，但是，越来越多的数据开始被存储在非关系型数据库中，这就要求在集成的过程中必然要进行数据转换，而这种转换的过程是非常复杂和难以管理的。传统的联机分析处理和商务智能工具大都面向结构化数据，而在大数据时代，用户友好的、支持非结构化数据分析的商业软件也将迎来广阔的市场空间。

3. 快速的数据流转

大数据时代的数据产生速度非常迅速。1min 内，新浪可以产生 2 万条微博，Twitter 可以产生 10 万条推文，苹果可以下载 4.7 万次应用，淘宝可以卖出 10 万件商品，百度可以产生 90 万次搜索查询，Facebook 可以产生 600 万次浏览量。大名鼎鼎的大型强子对撞机，大约每秒产生 6 亿次的碰撞，每秒生成约 700MB 的数据，有成千上万台计算机分析这些碰撞。

大数据时代的很多应用都需要基于快速生成的数据给出实时分析结果，用于指导生产和生活实践。因此，数据处理和分析的速度通常要达到秒级响应，这一点和传统的数据挖掘技术有着本质的不同，后者通常不要求给出实时分析结果。

为了实现快速分析海量数据的目的，新兴的大数据分析技术通常采用集群处理和独特的内部设计。

4. 巨大的数据价值

在大数据时代，很多有价值的信息都是分散在海量数据中的。以小区监控为例，如果没有意外事件发生，连续不断产生的数据都是没有任何价值的，当发生偷盗等意外情况时，也只有记录了事件过程的那一小段视频是有价值的。但是，为了能够获得发生偷盗等意外情况时的那一段宝贵的视频，人们不得不投入大量资金购买监控设备、网络设备、存储设备，耗费大量的电能和存储空间，来保存摄像头连续不断传来的监控数据。还可以想象另一个更大的场景。假设一个电子商务网站希望通过微博数据进行有针对性的营销，为了实现这个目的，就必须构建一个能存储和分析新浪微博数据的大数据平台，使之能够根据用户微博内容进行有针对性的商品需求趋势预测。愿景很美好，但是现实代价很大，可能需要耗费几百万元构建整个大数据团队和平台，而最终带来的企业销售利润增加额可能会比投入低许多，从这点来说，大数据的价值密度是较低的。

（二）大数据的具体特点

（1）产业数据资产化。在大数据时代，数据渗透到每个行业，逐渐成为企业资产，也成为大数据产业创新的核心驱动力。自身生产数据的互联网企业具有得天独厚的优势，可以利用丰厚的数据资产，挖掘数据的潜在价值，洞察用户的信息行为，推动产业利用数据实现精准和个性化的生产、营销和获利模式。

（2）产业技术的高创新性。创新是大数据产业发展的基石。面对海量数据，企业要想有效地获取数据、存储数据、整合数据和服务用户，需要不断革新大数据产业技术，具体来讲，包括对大数据的去冗降噪技术、高效率低成本的大数据存储与有效融合技术、非结构化和半结构化数据的高效处理、适合不同行业的大数据挖掘分析工具和开发环境、大幅度降低数据处理、存储和通信能耗等技术的不断优化和创新，为用户提供高效、高质量、个性化的服务。

（3）产业决策智能化。大数据产业在推动企业决策智能化发展中起到领头羊的作用。首先是产业自身决策智能化的发展，其次是为行业决策智能化提供数据、技术与管理平台。随着大数据产业的发展，分布式计算的大数据推动生产组织向去中心、扁平化、自组织、自协调方向演化，促进劳动与资本一体化，并且在决策过程中极大地克服人类的有限理性，推动决策朝着智能化、科学化的方向发展。

（4）产业服务个性化。与未利用数据分析的企业相比，投入并分析数据的企业增长率为49%，而通过可量化的个性化实现在线销售额的增长率为19%。因而，基于数据的分析成为大数据产业提供个性化服务的重要工具。这些产业通过数据挖掘用户的兴趣和偏好，针对个体需求开展个性化定制与云推荐业务，提升产品服务质量，满足用户更高级别的需求，以获得更高的经济收益。

（三）大数据的价值分析

1. 大数据能够帮助企业分析

大数据可以帮助企业分析大量数据，进而深入挖掘市场机会与细分市场，然后对每个群体量体裁衣般地采取独特的行动。获得好的产品概念与创意，关键在于怎样去搜集消费者的相关信息，如何获得趋势，挖掘人们头脑中未来可能消费的产品概念。用创新的方法解构消费者的生活方式，解析消费者的生活密码，才会吻合消费者未来生活方式的产品研发不再成为问题，如果对消费者的密码具有充分的了解，就能够知道其潜藏在背后的真正需求。大数据分析是发现新客户群体、确定最优供应商、创新产品、理解季节销售性等问题的最好办法。

在数字革命的背景下，对企业营销者的挑战是从怎样找到企业产品需求的人到如何找到这些人在不同时间和空间中的需求；从过去以单一或分散的方式去形成与这群人的沟通信息和沟通方式，到现在如何与这群人即时沟通、即时响应、即时解决他们的需求，同时在产品和消费者的买卖关系之外，建立更深层次的伙伴之间的互信、双赢和可信赖的关系。

大数据进行高密度分析，可以显著提升企业数据的准确性和及时性；大数据能够帮助企业分析大量数据而进一步挖掘细分市场的机会，最终可以缩短企业产品研发时间，提高企业在商业模式、产品与服务上的创新力，大幅提升企业的商业决策水平。所以，大数据有利于企业发掘和开拓新的市场机会；有利于企业将各种资源合理利用到目标市场；有利于制定精准的经销策略；有利于调整市场的营销策略，降低企业经营的风险。

企业利用用户在互联网上的访问行为偏好可以为每个用户勾勒出一幅"数字剪影"，为具有相似特征的用户组提供精确服务，满足用户需求，甚至为每个用户量身定制，这一变革能够缩减企业产品与最终用户的沟通成本。例如，一家航空公司对从未乘过飞机的人很感兴趣（细分标准是顾客的体验）。而从未乘过飞机的人又可以细分为害怕飞机的人、对乘飞机无所谓的人及对乘飞机持肯定态度的人（细分标准是态度）。在持有肯定态度的人中，又包括高收入有能力乘飞机的人（细分标准是收入能力）。于是这家航空公司就把力量集中在开拓那些对乘飞机持肯定态度，只是还没有乘过飞机的高收入群体。通过对这些人进行量身定制、精准营销取得了很好的效果。

2. 大数据能够提升决策能力

当前，企业管理者一般会比较喜欢依赖个人经验与直觉做决策，而不是基于数据。大数据可以有效地帮助各个行业用户做出更加准确的商业决策，进而实现更大的商业价值，它从诞生开始就是站在决策的角度出发的。虽然不同行业的业务不同，所产生的数据及其所支撑的管理形态也是千差万别的，但是从数据的获取，数据的整合，数据的加工及数据的综合应用，数据的服务与推广，数据处理的生命线流程来分析，所有行业的模式基本上是一致的。这种基于大数据决策的特点如下。

（1）量变到质变，由于数据被广泛挖掘，决策所依据的信息完整性越来越高，有信息的理性决策在迅速扩大，盲目决策在急剧缩小。

（2）决策技术含量、知识含量大幅度提高。由于云计算的出现，人类没有被海量数据所淹没，可以高效率驾驭海量数据，生产有价值的决策信息。

（3）大数据决策催生了很多过去难以想象的重大解决方案。

如果在不同行业的业务与管理层之间，增加一定的数据资源体系，通过数据资源体系的数据加工，将今天的数据与历史数据进行对接，把现在的数据和领导及企业机构关心的指标联系起来，把面向业务的数据转换成面向管理的数据，辅助于领导层的决策，就能够真正实现从数据到知识的转变，这样的数据资源体系是非常适合管理和决策使用的。

在宏观层面，大数据使经济决策部门能够更敏锐地把握经济走向，制定并实施科学的经济政策；而在微观方面，大数据可以提高企业经营决策水平和效率，推动创新，给企业、行业领域带来价值。

3. 大数据能够提供个性化服务

对于个体而言，大数据能够为个人提供个性化的医疗服务。例如，人们的身体功能可能会通过手机、移动网络进行实时监控，一旦存在感染，或者身体不适，都能够通过手机得到相应的警示，然后信息会与手机库进行对接或咨询相关专家，进而得到正确的用药和其他治疗。

过去看病，医生只能够对患者的当下身体情况做出判断，但是在大数据的帮助下，将来的诊疗能够对一个患者的累计历史数据进行适当分析，并结合遗传变异、对特定疾病的易感性及对特殊药物的反应等关系，实现个性化的医疗。还能够在患者发生疾病症状之前，提供早期的检测和诊断。例如，早期发现和治疗能够降低肺癌给卫生系统造成的负担，因为早期的手术费用是后期治疗费用的一半。此外，在教育活动中，传统的教育模式下，分数就是一切，一个班上几十个学生，使用同样的教材，同一个老师上课，课后布置同样的作业。但实际上，学生之间是千差万别的，在这种模式下，不可能真正做到"因材施教"。

在大数据的支持下，教育能够呈现另外的一些特征：弹性学制、个性化辅导、社区和家庭学习、每个人的成功……大数据支持下的教育，就是要根据每一个人的特点，释放每一个人本来就有的学习能力。

4. 大数据推动智慧驱动下和谐社会

近年来，在国内，"智慧城市"建设也在如火如荼地开展。智慧城市的概念包含了智能安防、智能电网、智慧交通、智慧医疗、智慧环保等多领域的应用，而这些都需要依托大数据，可见大数据就是"智慧"的源泉。

在交通领域，大数据能够通过对公交地铁刷卡、停车收费站、视频摄像头等信息的收集，分析预测出行交通规律，指导公交线路的设计、调整车辆派遣密度，进行车流指挥控制，及时做到梳理拥堵，合理缓解城市交通负担。

在医疗领域，部分省市正在实施病历档案的数字化，配合临床医疗数据与病人体征数据的收集分析，可以用于远程诊疗、医疗研发，甚至可以结合保险数据分析用于商业及公共政策制定等。

伴随着智慧城市建设的火热进行，政府大数据应用已进入实质性的建设阶段，有效拉动了大数据的市场需求，带动了当地大数据产业的发展，大数据在各个领域的应用价值已得到初显。

5. 大数据用来描述数据价值

在通常情况下，描述数据是以一种标签的形式存在的，它们通过初步加工的一些数据，这也是数据从业者在日常生活中做得最为基础的工作。一家公司一年的营业收入、利润、净资产等数据都是描述性的数据。在电商平台类企业日常经营的状况下，描述业务的数据包括交易额、成交用户数、网站的流量、成交的卖家数等，可以通过数据对业务的描述来观察交易活动是否正常。

对具体的业务人员而言，描述数据能使其更好地了解业务发展的状况，让他们对日常业务有更加清楚的认知；对于管理层而言，经常关注业务数据也能够让其对企业发展有更好的了解，以做出正确的决策。

用来描述数据价值最好的一种方式就是分析数据的框架，在复杂的数据中提炼出核心点，让使用者能够在极短的时间里看到经营状况，同样，又能够让使用者看到更多他想看到的细节数据。分析数据的框架是对一个数据分析师的基本要求——基于对数据的理解，对数据进行分类和有逻辑的展示。通常，优秀的数据分析师都具备非常好的数据框架分析能力。

6. 大数据能够体现时间价值

大数据一个非常重要的作用就是，可以基于大量历史数据进行分析，而时间则是代表历史的一个必然维度。数据的时间价值是大数据运用最为直接的一个体现，通过对时间的分析，可以很好地归纳出一个用户对于一种场景的偏好。而知道了用户的偏好，企业对用户做出的商品推荐也就更加精准。

7. 大数据能够进行预测价值

数据的预测价值主要分为两部分：第一部分是对于某一个单品进行预测。例如，在电子商务中，凡是能够产生数据，能够用于推荐的，就都会产生数据，产生预测价值；第二部分是数据对于经营情况的预测，即对公司的整体经营所进行的预测，而且可以使用预测的结论指导公司的经营策略。

目前在电商中，无线是一个重要的部门，对于新的无线业务而言，核心指标之一就是每天的活跃用户数，而且这个指标也是对无线团队进行考核的重要依据。作为无线团队的负责人，到底怎样判断现在的经营状况和目标之间存在的差距，这就需要对数据进行预测。通过预测，将活跃用户分成新增和留存两个指标，进而分析对目标的贡献度分别是多少，并分别对两个指标制定出相应的产品策略，然后分解目标，进行日常监控。这种类型的数据能够对公司整体的经营策略产生非常大的影响。

（四）大数据的发展战略

1. 加强大数据人才培养

随着大数据产业的快速发展，对大数据的要求逐渐由差异化发展为信息管理实践和技术。各地对大数据人才的需求不断增长，每个行业都需要大数据人才，人才紧缺已经成为制约产业发展的突出问题，没有大数据技术支持的企业，很容易被时代淘汰。在人才竞争如此激烈的背景下，发展机遇多的地方总是能够汇聚更多专业人才。所以，需要进行大胆创新，积极制定吸引大数据时代人才的政策，同时为培养大数据人才提供政策支持。

第一，统筹教育资源，建立培养基地。大数据人才培养应该注重统筹各类教育资源，培养大数据重点领域关键核心技术研发人才，建立一批人才培养基地和人才实训基地，构建成批次、系统性的人才培养体系。从长期来看，大数据人才培养立足于依靠我国重点高校与科研院所培养输送，致力于培养和造就一支懂指挥、懂数据采集、懂数学算法、懂数学软件、懂数据分析、懂预测分析、懂市场应用、懂管理等的复合型"数据科学家"队伍。要培养和造就高素质的大数据应用人才，可以采取多元化培养方式，即支持国内高等院校设置大数据相关学科、专业，培养大数据技术和管理人才；支持职业学校开展大数据相关职业教育，培育专业技能人才；鼓励高校和科研院所针对大数据产业相关技能对在职人员进行专业培训，缩短大学培养人才的周期来满足数据产业对人才的需求。

第二，以比赛形式吸引人才。可以通过举办一些有影响力的标准化竞赛，吸引全国优秀人才和团队参与，带动大数据产业发展。培养大数据领域创新型领军人才，吸引海外大数据高层次人才来华就业、创业。对于大数据人才建设，应该建立适应大数据发展需求的人才培养和评价机制，并建立健全多层次、多类型的大数据人才培养体系。

2. 加快推进政府数据资源

信息化、互联网的迅速发展进入了一个大数据时代，政府统计部门和大数据之间具有天然的亲近感。企业是大数据利用的先行者也是直接受益者，他们成为大数据应用的主力军，越来越多的企业从事数据生产、分析与交换，还衍生出很多的数据设计、数据制造、数据营销的新产品。市场在大数据资源配置中能够起到决定性作用，企业与国家共享数据，加强合作，不但能够提高企业的效益与效率，实现价值最大化，还能够提高政府统计部门的统计能力，使统计部门获得更加丰富客观、及时的基础数据，建立一个更加真实全面的基本单位名录库，可以得到更加完整的调查总体，这能够缩短数据采集时间，减少报表填报任务，减轻调查对象负担，进一步提升统计工作效率，使统计数据更加客观、真实、准确。

政府帮助企业吸引更多有资源、有技术、有经验的人才投身大数据应用与开发的浪潮中，使企业得以转型升级、良性发展，对于推动现代化服务型统计的建设具有重要的作用。政府加快大数据应用战略研究，为大数据的提取、存储、分析、共享和可视化创造了有利条件。

大数据已经成为国家重要的战略资源，政府作为公共数据的核心生产者与拥有者，应该积极开发利用这一重要的战略资源。加快政府与民间数据开放共享，能够催生出巨大的经济和社会价值，而且其巨大的示范效应能够释放政府数据价值，有利于加快推动数据产业市场化步伐。

大数据的关键所在就是要统一数据资源标准，不仅要大力推动大数据统一标准的制定工作，还应该加快研究建立健全大数据技术标准、分类标准和数据标准。统一数据标准是破解"数据孤岛"问题的一个关键因素。针对行政记录、商业记录、互联网信息的数据特点，研究分析不同数据口径之间的衔接和数据源之间的整合，规范数据输出格式，统一应用指标含义、口径等基本属性，为大数据的公开、共享和充分利用奠定基础，积极推动大数据开发利用的科学性、统一性和规范性。

除此以外，政府还应该将加快推进政府数据资源开放共享步伐的着力点放在全面深化政府行政体制改革上，这样企业等民间机构可以向政府统计部门开放大数据，从而可以更好地服务社会大众。当前，要积极推动大数据应用相关法律法规的制定，创新行政管理方式，为大数据使用者创造更好的社会法治环境，提高数据产业资源配置效率，有力地保障和维护各方合法权益。

3. 保障大数据的安全

（1）数据完整的防护。

在考虑大数据发展的同时必须防止数据的丢失。安全问题在信息时代越来越多，对加密技术的灵活性与针对性的要求也越来越高。所以多模透明加密技术就成了最佳选择。这种技术结合了对称与非对称算法的优点，在不损失加密质量的同时更加灵活。

处理方式越灵活，越有利于为大规模的数据安全提供保障。此外，在透明加密技术的帮助下，人们几乎感觉不到大数据的加密，该技术是基于系统内核的，这意味着它将具有更好的兼容性。既然要保护大数据安全，那么，数据本身就应该是考虑的起点，所以最好使用加密软件。针对性强、防护全面的加密软件如同哨兵一样保护了大数据的发展。对于企业而言，为了防止数据丢失，拥有快速检测数据威胁的能力是非常重要的，目前一些企业已经能够做到这一点。

（2）大数据与关系型数据库。

大数据与关系型数据库二者看似差别甚微，实际上有很大的区别。首先，它们具有不同的实时性，数据量也存在差别。其次，它们的分布式架构也不尽相同，而分布式架构正是给安全防护带来独特困难的"元凶"。此外，大数据在存储与查询时采取与后者不同的模式，而且还需要协调不同的网络会话。在大数据环境中，安全产品有很多技术已经处于失效状态，其中包括监视与分析日志、发现数据及评估漏洞等方面。所以，需要在架构层面上重新设计安全工具，以满足大数据环境中的安全需要。

（3）大数据优化网络层的安全策略。

进行数据安全开发时，将数据结构化是一个好方法。该方法降低了数据处理和分类的难度，同时也方便了数据管理和加密。这样当发生非法入侵时，系统就可以准确高效地分辨入侵行为，从而保证了大量数据在使用前不会被破坏，这种方法提高了系统的效率，但是本质上并没有改变数据的安全格局。数据结构化已经成为安全模式的发展趋势。

作为当前数据安全模式的常规做法，分层构建需要进一步完善。同时随着网络攻击次数的暴增及云计算造成的攻击方法隐秘性的增强，现有的端点安全模式已经暴露了明显的弱点，因而使网络层受到强大的压力，所以应该在维护端点数据安全时重点考虑网络层。这就要求在把数据结构化、辨识智能化与本地系统的监控机制结合起来时，只允许常态数据运行。

（4）大数据层面的安全策略。

在大数据时代，数据可以带来丰厚的经济收益，同时也诱发了许多信息泄露，其中很大一部分来自内部。因此，对于端点而言，本地安全防护系统看上去完整成熟了，但实际上相差很大。这就要求调整安全防护思路，在本地安全策略中加入内部监控功能。为防止人为故意破坏，应使用纯数据模式。此外还应重视加强各环节的协作。在处理数据时数据调用有很大的风险，要想避免这种风险就要进一步划分链接，改进存储及缓存方式。数据存储作为"终端"，受到了高度的重视，但其安全保护措施仍然需要加强，这样才能与新的数据模式相适应。这要求完善数据逻辑策略，作用于存储隔离与调用之间。

在大数据领域，只有少数开发资源被投入增加安全功能中，而其他功能，如分析功能、易用性与可升性，占据了大部分资源。此外还有一个较为显著的问题：大多数系统缺乏配套安全产品，而即便是有，也难以应对常见威胁，而且非关系型数据库、Hadoop 等无法包含大多数安全产品，因此用户自己构建安全策略就极其重要。本地安全策略可能存在许多未知隐患，这就需要用户一边开发，一边完善自有系统。

（5）个人层面的数据安全建议。

第一，采用匿名 IP 地址。禁止网站搜集和跟踪 Cookies，不使用不支持 DoNotTrack 请求的浏览器。

第二，加密数据。主要针对企业级用户，对于个人用户而言，当其将一个私密文件上传到网络上，最好在压缩时设置加密密码，这无疑让用户的数据多了一道屏障。

第三，拒绝不合理的权限要求。这主要是针对手机用户，现在的手机应用程序，尤其是部分国产软件不顾用户的实际需求，所要求的权限超过了其本身的功能范围。此外，垃圾软件在后台的运行占用硬件资源，严重影响手机性能及用户体验。

第四，浏览网页时使用 HTTPS 协议。HTTPS 协议是可进行加密传输、身份认证的网络协议，比 HTTP 协议安全，这样就增强了计算机与服务器之间收发的信息传输安全性。

4. 优化大数据治理的工作

第一，有效的大数据治理能够促进大数据服务创新和价值创造。大数据的核心价值在于能够持续不断地开发出创新的大数据服务，进而为企业、组织、政府和国家创造商业和社会价值。大数据治理能够通过优化和提升大数据的架构、质量、标准、安全等技术指标，显著推动大数据的服务创新，从而创造出更多更广泛的价值。因此，促进大数据的服务创新和价值创造是大数据治理的最重要作用，是大数据治理与数据治理的最为显著区别，也是大数据治理的最终目标。

第二，科学的大数据治理框架有助于提升组织的大数据管理和决策水平。大数据治理的策略、过程、组织结构、职责分工等组件构建起大数据治理框架，它可以帮助企业在大数据治理业务规范内更有效地管理大数据。例如，为分散于各业务部门的数据提供一致的定义、建立大数据管理制度以及监管大数据质量等。它也有助于协调不同业务部门的目标和利益，并跨越产品和业务部门提供更为广泛、深入和可信的数据，从而产生与业务目标相一致，更有洞察力、前瞻性和更为高效的决策。

第三，有效的大数据治理能够产生高质量数据，增强数据可信度，降低成本。大数据治理要求建立大数据相关的规则、标准和过程以满足组织的业务职能，大数据治理活动必须在遵循以上规则、标准和过程的基础上加以严格执行。有效的大数据治理可以产生高质量的数据，增强数据可信度；同时，随着冗余数据的不断减少，数据质量的不断提升，以及业务部门之间标准的推广，组织数据的相关费用也会不断降低。

第四，有效的大数据治理有助于提高合规监管和安全控制，并降低风险。合规监管和安全控制是大数据治理的核心领域，关系到隐私保护、存取管理、安全控制及规范、标准或内部规定的遵守和执行。如今的组织对数据通常是具有侵略性的，为了开展业务，通常会在一些关键领域搜集、分析和使用各种有关用户、产品、业务环境等方面的信息，但是许多组织由于缺乏正确的大数据治理策略、不能够正确使用数据，而导致违反法律规范或丢失隐私数据。因此，大数据治理必须坚持三个原则：其一，大数据治理必须在业务的法律框架内进行；其二，大数据治理政策和规则的制定应与政府和行业相关标准相一致；其三，在主要业务和跨业务职能之间应用一致的数据标准，为合规监管创造一个统一的处理和分析环境。大数据治理工作需要整个组织的合作，通过有效的治理可以显著降低因不遵守法规、规范和标准所带来的安全风险。

三、大数据对财务管理产生的具体影响

（一）大数据对财务管理环境的影响

随着互联网经济和数字经济的蓬勃发展，大数据环境已逐步形成，企业生产经营管理和财务管理的环境也随之发生深刻变化，主要体现在三个方面。

第一，大数据时代，企业与外部以及企业内部各部门之间均可以通过互联网实现实时迅捷的信息传递和即时业务处理，这使得企业生产、管理、营销等各种活动更加融合，企业财务活动呈现财务与业务协同的特点。

第二，大数据时代，大数据成为企业重要的资源，而这种资源不同于传统的生产资源，其呈现复制低成本性、共享性、整合创新性和应用高价值性等特点，这会使企业财务活动所遵循的经济规律由边际报酬递减规律逐渐演变为边际报酬递增规律。

第三，信息技术的发展使企业财务管理活动处于更加复杂、多变和不确定的环境中。互联网和计算机技术的发展使资本在国际间的流动变得越来越迅速与广泛，企业间的竞争不再局限于一国或一个地区。

当下，全球经济一体化不断加强，竞争更加激烈，这种市场竞争环境使国家经济调控手段、金融市场环境也随之发生变化，企业财务管理活动处于更加复杂的环境中，这要求

企业能够及时、全面地收集和处理与财务管理相关的信息，不断加快信息化步伐，大量使用半结构化和非结构化数据，适时调整财务战略，以便能够快速地做出财务决策，规避财务风险，提高财务管理水平和效率。

（二）大数据对财务管理目标的影响

"企业财务管理的目标是实现企业价值最大化。在实际应用中，企业价值最大化很多时候被等同为企业股价最高化、市值最大化。因此，在传统的财务管理中，企业更加注重其拥有的财务资源规模的大小，同时信息需求主要聚焦于企业现在或未来的利润情况、现金流量、利润分配、营业收入等方面。"[1]

而在大数据时代，企业价值最大化目标更多地指向企业核心竞争能力、企业持续创新能力的强弱等方面。在大数据时代，这些能力的强弱更多地表现在客户点击率的高低、用户群规模的大小和数据本身价值的大小等方面。企业只有利用互联网和大数据资源，通过技术创新、系统建设、品牌运作等方式不断优化商业模式，提高核心竞争力和持续创新能力，才能真正实现价值最大化目标。

（三）大数据对财务管理职能的影响

财务管理主要包括财务分析、财务预测、财务决策、财务计划等职能。在传统的财务管理工作中，财务管理人员主要根据财务报表及其他相关信息对企业过去的财务活动进行分析，并预测未来的财务活动和财务成果，为企业各项财务决策和财务计划提供支持。

但在实际工作中，大多数财务管理人员的日常工作是会计核算和日常交易处理，而会计核算形成的财务信息具有单一性和局部性，无法支撑财务管理人员进行有效的财务决策和财务预测。大数据背景下，企业获得的信息无论是在数量上还是在表现形式上都发生了很大的变化。企业在获得传统财务信息的同时，还可以利用大数据技术及时获得包括宏观环境变化信息、行业前景信息、供应链信息、客户信息、供应商信息、政府管理部门信息等在内的其他非财务管理信息。

这种数据与信息量的迅猛增长，使得企业掌握的信息更加及时、全面，也使得财务管理人员能够更好地发挥其对企业管理者的决策支持作用，财务管理面向未来的财务决策职能和财务预测职能得以加强。

---

① 王韶君，李素娟，郭晓玲. 大数据背景下企业财务管理创新研究［J］. 金陵科技学院学报（社会科学版），2019，33（01）：37-40.

（四）大数据对财务管理模式的影响

大数据时代，企业财务管理呈现业财融合、远程处理、在线管理、集中式管理等特点。而在传统的财务管理中，信息难以及时、同步传递，传统财务组织结构、财务处理流程、财务处理方法、财务制度、财务信息系统均无法满足大数据时代的财务管理需求，资源配置无法实现最优化，企业很难实现大数据环境所要求的业务与财务的融合以及远程在线集中式财务管理，传统的财务管理模式受到严峻挑战。

（五）大数据对财务管理人员的影响

大数据对企业财务管理人员的知识结构和专业能力提出了更高的要求，企业财务管理需要综合型、高素质的财务管理人员。大数据时代，企业财务管理人员除了要具备传统的财务专业知识与技能外，还需要具备较高的信息技术应用能力，这种高要求使财务管理人员面临着较大的能力转型压力。

第二节 大数据下的云会计应用与推广

一、大数据下的云会计的应用

随着云计算、数据仓库、数据挖掘技术的突飞猛进及物联网的发展，人、机、物的控制和管理都以信息为核心，云计算模式也为会计大数据的处理带来了方便。云会计计算为企业提供了两种服务模式，即"按需使用"和"按使用多少付费"。在大数据时代，就对策研究而言，我们必须增强数据分析能力，有效地实现对未来的预测。

这个过程要求我们将信号转化为数据，将数据分析为信息，将信息提炼为知识，以知识促成决策和行动。海量数据的复杂性增加了大数据处理的难度，人们为了从数据中发现知识并加以利用，指导决策，必须对数据进行深入的分析，而不仅是生成简单的报表，只有依托云会计平台进行分析，才可以提高企业财务决策的科学性。

（一）大数据下的云会计特点

云计算是信息社会的一种新产物，把云计算应用于会计数据的研究，就产生了云会计。云计算应用于会计信息系统可助推企业会计信息化建设，云会计是企业发展的长足动力，所以其在企业财务中的应用是亟待解决的问题之一。云会计重点对应于企业的管理会计和财务决策，让企业把工作的重心聚焦到经营管理而将会计信息化的建设与服务外包，这种模式将进一步推动会计工作向前发展。

云会计涉及云服务的提供商以及企业用户，云服务的提供商不仅为企业用户提供相关的云会计业务服务，如会计核算系统、管理信息系统、企业决策系统等业务系统，而且为企业用户提供相关的云会计服务平台，如云会计的数据库服务、会计信息化开发应用等平台，企业用户通过付费的形式享受云会计服务。

（二）大数据下的云会计应用

在大数据时代，云会计在企业会计信息化中具有较大应用优势。企业管理者能利用云会计进行业务信息和会计信息的整理、融合、挖掘与分析，整合财务数据与非财务数据，提高企业财务决策的科学性和准确性；同时，大数据下的云会计可以借助主流的大数据处理软件工具，对来自企业内部和外部海量的结构化数据和非结构化数据进行过滤，并以众多历史数据为基础进行科学预测；云会计还可根据这些海量数据，将其应用于企业成本控制系统，分析企业生产费用构成因素，为企业进行有效的成本控制提供科学的决策依据。

1. 应用于大数据时代的信息化建设，实现企业会计信息化建设的外部协同。企业云会计信息化运营平台运算资源布置在云端，使企业所有的会计信息处理需求都可以通过网络在云计算平台的服务器集群中以最快的速度共同响应并完成。云会计可以实时控制财务核算，及时生成企业的财务数据，实现企业财务信息同步和共享。

大数据时代企业会计信息化建设需要大量地同银行、税务、会计师事务所、供应商和客户等多方共享，使用传统的会计信息化建设模式很难与外部协同。云会计信息化平台通过广泛互联、灵活控制，不仅能做到与会计准则保持一致，还可以实现网上报税、银行对账、审计、交易，以及与上下游企业和用户之间的会计信息系统集成，从而有效实现大数据时代企业会计信息化建设的外部协同。

2. 应用于大数据时代成本控制系统，降低企业会计核算成本。大数据时代企业会计核算须满足新的商业模式，尤其是创新的互联网商业模式。"按需使用、按使用多少付费"的商业模式能够满足会计云计算服务需求者（企业信息化）的利益需要。云会计以软件服务方式提供，企业用户按需购买、按使用资源多少或时间长短付费。

企业不必为服务器、网络、数据中心和机房等基础设施投入巨大的费用，不会占用企业过多的营运费用，并能及时获得最新的硬件平台和稳固的软件平台以及业务运行的最佳解决方案。已经在运行的"基础架构即服务（IaaS）""平台即服务（PaaS）""软件即服务（SaaS）"等云会计，通过对应的服务构成，整合提供云会计综合服务，在充分满足互联网商业模式的同时，有效降低大数据时代的会计核算成本。

如利用云计算技术的软件即服务（SaaS）来构建云会计的会计核算系统、会计管理系统、会计决策系统、统一访问门户（Portal）以及其他与会计信息系统相关的业务系统；利用平台即服务（PaaS）来构建云会计的数据库服务以及会计信息化开发应用环境服务平台；利用数据即服务（DaaS）、基础设施即服务（IaaS）构建云会计的存储及数据中心的应用环境；利用硬件即服务（Haas）来构建服务器集群，形成有效的弹性计算能力，最后形成基于互联网的云会计系统。

3. 应用于企业财务流程再造，确保企业财务战略顺利实施。与传统的财务信息系统账表驱动不同，大数据时代财务流程应用流程再造的思想是：将实时信息处理嵌入业务处理过程中，企业在执行业务活动的同时，将业务数据输入管理信息系统，通过业务规则和信息处理规则生成集成信息，基于这种模式构建的财务信息系统称为"事件驱动"的财务信息系统。

云计算的发展将推进财务流程全部移到线上。在云计算系统的支持下，企业将数据存储在云中，业务流程可以实现将购销业务、生成合同、会计人员记录业务等信息传至云端，云端存储数据并自行运算，形成报表以及各种指标数据；管理层及税务部门、会计师事务所等外部协同部门都可以共享云空间的数据，满足各自需要。可扩展商业报告语言XBRL，可以实现企业数据的自动归集，报表使用者通过XBRL访问企业数据。公司管理层可以在实现以上财务流程再造的同时，确保企业财务战略及公司战略的顺利实施。

（三）大数据促进云会计应用的对策

云会计能够降低企业在会计信息化方面的成本，提升企业的竞争力。因此提出以下相关的对策建议，从而促进云会计在企业中的应用。

1. 加强云会计计算平台建设。云会计计算平台建设是企业实现云会计计算的保障，而云会计计算平台建设需要资金以及技术支撑，而且研发的风险大，开发周期长。因此，政府应出台相关政策支持鼓励国内的IT企业自主研发云会计计算系统，通过政府补助或优惠措施切实解决IT企业资金难的问题。国内的IT企业应结合我国企业的实际情况研发云会计计算系统，另外，也应借鉴外国知名的成熟的云会计计算平台比如美国的谷歌、亚马逊等IT成熟公司的经验，从而研发出适用于我国企业的云会计计算平台。

2. 完善云会计计算的功能与服务。目前，国内的云会计服务运营商提供的软件功能比较单一，如软件仅仅是为企业提供了在线记账或现金管理等基本功能，并不能真正满足企业的需求。因此，有必要完善财务软件的功能与服务，比如增加基于云计算的在线财务预测、分析、决策支持等智能功能与服务，从而满足企业的多样化需求。另外，应提供个性化服务，比如在线定制服务以及灵活的自定义功能，满足企业自身的个性化需求。

3. 建立云会计下的风险评估机制。企业只有在认为会计信息安全的情况下才会应用云会计。企业经营方式、组织形式以及管理模式的不同，对云会计安全的可信度要求不同，而且在市场竞争环境发生变化的情况下，云会计服务提供者根据使用者安全需求以及业务需求设置的各种云会计组合的安全性也随之变化，因此，有必要建立云会计下会计信息安全风险可信度评估机制，了解云会计信息系统可能存在的缺陷以及潜在的威胁，满足企业对多变的安全性的需求，消除企业对云会计安全性的担心，从而促进企业应用云会计。

4. 确保云会计数据的安全。数据安全是云计算技术中面临的主要难题，云会计数据的提供商和使用者应当合力解决这一问题。云会计数据的提供商应当加大研发资金和人力投入，设计可靠的云会计信息系统，通过在网络接口建立有效的防火墙，从而有效防止网络黑客、计算机病毒的攻击。云会计数据的使用者应当建立健全企业内部控制机制，强化授权审批制度，对云会计数据的访问应设置密码，且不能过于简单，或者通过身份认证等方式增强企业会计信息的安全性，有效避免或减少会计信息泄露对企业造成的不利影响。

此外，相关部门应尽可能完善确保数据安全性、云会计服务运营商资格认证、云会计服务条款等方面的相关法律法规，为云会计的应用提供制度保障。

二、大数据下的云会计推广

随着大数据的高速发展，会计环境也随之发生变化，云计算与大数据的结合在各领域都展现出广泛的应用，会计行业大力发展云计算技术，使会计行业水平提升，发展为新型云会计信息化模式。

（一）云会计具有的优势

1. 云会计信息存储量大，灵活性强。云会计利用多个服务器不同地区分布式存储数据，大大增加存储量，降低数据风险，避免单一服务器存储带来的安全隐患。满足了机构长远发展的需求，可随意增加用户及端口，传统会计软件是无法实现的。

此外，云会计实现了业务财务一体化，通过互联网，有利于快速处理数据，提高系统的安全性及功能性。云会计功能组合灵活适应性强，应用户业务需要可快速调整信息化服务，以更好应对多变的环境、信息系统的更新能力及应用环境远超传统会计。弹性延伸，提高资源使用率，有效降低单位运营成本。只要上级职能部门信息化系统框架搭建起来，下级各单位可从云端服务器下载财务数据，加速会计信息在各部门间的传递，第一时间完成数据的处理，使会计信息之间的联系更加紧密。

2. 云会计应用提高机构财务人员的内外协同能力。云会计模式，财务人员可以深入了解机构的运行情况，各部门之间有序合作，资源得到合理配置，与上级及业务主管部门，实现会计信息资源共享，提高机构的内外部协同能力，为机构的发展营造新的环境。

财务人员一改过去线下会计软件中只提供记账、算账、现金管理等基本有限功能，逐渐由核算走向管理。整合机构业务管理，构建统一的科目体系，实现对业务数据的监控，实现业务流程驱动管理，提高效率，多渠道获取信息，支持后续扩展及深化应用，提供专业化的会计信息。

云会计为财务会计转变为管理会计提供强有力的数据支持，提升机构的整体管理水平。云会计可挂接辅助核算，按项目名称、按功能分类、按经济分类均可，更加人性化，可自由设置，智能查询业务、后期报表数据分析，信息共享等功能变为现实，手机与会计软件实现无缝链接，方便业务处理。

云之家的启用，让移动办公变得更加智能，使单位职员可以享受数字化时代的便捷服务。云之家可以和云会计用户全面对接和融合，全面覆盖机构的各个应用场景。可以自动记录会议，语音翻译成文字内容。考勤无须排队按指纹或刷脸，一键定位完成，全方位多角度智能分析用户和行业数据，让管理工作更简单。云之家界面美观流畅，清晰明确，简明易懂，软件功能强大。而借助云之家在线审批的轻应用，业务部门的主管还可以直接在手机上随时随地进行待办信息提醒和审批处理。

3. 云会计结合物联网，实行存货管理新模式。云会计结合物联网，不仅带来单位财务管理的创新，信息化带来便利快捷的生产统计管理，出、入库管理，云会计以云计算为依托，发展前景广大，从财务信息的获取和存储上还有数据分析，以及与业务部门的互联互通都表现出远超传统软件的优势。单位存货管理的目标是保证生产需要，尽量降低存货成本。存货不足不能及时满足生产需要，而存货过多不仅导致存货成本增加，特别是如果生产所需材料具有特殊性，有些试剂有挥发性，如毒麻类试剂等，如果存量增加则大大增加安全隐患。

传统会计模式下，采购员须实地进行市场调研，而在云会计平台上，通过物联网可获取存货实时信息，产品的市场价格、市场行情趋势等，再由大数据对具体信息进行分析，分析数据为用户做出存货决策提供技术支持，显示缺货时，信息传感器将缺货信息通过物联网反馈给单位补给，通知供货商备货。物联网与云会计的结合，不仅降低采购业务费用，存货控制系统也得到更精准更全面的信息数据，使云会计的发展更上一层楼。

"在线 ERP"云会计服务模式下，减少库存保管人员的配置，仓库录入实现系统化，领导层、采购人员及财务人员可随时随地核查信息，即使审核岗位的财务人员、审批岗位的领导人员出差在外，也丝毫不影响业务的处理，从而保证检验及后勤保障工作有序进行。同时，领导在线掌握库存材料出入情况，预算执行得到有效的监管，业务流程得到长足的优化。

4. 云会计售后服务方式。软件服务商通过电子支持、远程服务、在线服务向用户提供各项标准维护服务。

电子支持：主要指供应商建立用户服务中心，通过网络在线服务，财务人员可查找自己需要的相关信息资料，自己到用户中心寻找问题的答案。

远程服务：专业的运维工程师通过网络远程解答，直接登录本单位电脑，为会计解决问题，享受亲临指导的感觉。

在线服务：会计将问题通过网络提交用户中心，由 24 小时客服在线处理，如遇到棘手的问题，可以提交技术部研发人员进行解答处理。服务商开启问题解决流程时限，什么时间提出什么问题，哪位技术人员予以解答处理，用时情况，用户反馈，最后关闭问题流程，详细记录年底作为技术人员的考核依据。

（二）云会计推广面临的制约

"大数据时代云会计的流行与发展，为软件市场带来新的商机，众多供应商趋之若鹜，同时也面临一些制约。传统会计行业体系已趋于成熟，人们对新兴的东西有抵触，人们的观念还停留在传统模式，因此云会计在推广过程中面临一些制约。"[1]

1. 缺乏明确的法规及标准。尽管财政部在 2013 年印发的《企业会计信息化工作规范》中，对会计信息化工作及环境进行规范，但近几年云计算产业发展迅猛，以云计算为依托的云会计发展势头正旺，相应的制度及规范还相对滞后，缺乏相关制度层面明确规范，网络安全技术和管理相对滞后。

对软件行业准入机制及退出机制没有明确的标准，在没有行业标准的前提下，难以选择功能模块，无法甄别服务类型，而软件市场一味打价格战，也不易形成竞争。网络信息安全规范和制度不够明确，为了保障云会计更好地发展，须完善相关的法律法规体系和信息安全标准，营造良好行业氛围。

2. 数据转化成本高。云会计供应商除了为用户提供必要的服务外，还要收集机构内外部信息，并加以分析，为机构领导的决策提供支持。大数据时代云会计系统供应商较多，良莠不齐，竞争激烈。当单位想要更换云会计供应商，由于没有统一的云会计数据标准，很难原封不动地将原来数据转换，或者会计数据的转换成本高，会很被动。

因此，在选择供应商时需要权衡利弊，除了考虑前期建设成本，还要从供应商规模、市场占有率、云会计系统界面设计是否合理、成功案例、个性化设计、系统安全性等方面

---

① 孙美芝、唐殿飞、宫晓平等：大数据时代云会计应用及推广的思考 [J]. 中国商论，2019（23），22-24.

权衡选择。

3. 安全性问题。数据的安全关系到单位的命运，网络信息安全将会影响到云会计更长远的发展。云会计是基于互联网的应用，其数据信息是布置在云端的，通过网络进行传输、存储和使用，对违法入侵及违规操作的追踪及管控就变得困难许多。

由于云会计信息具有资源共享的特点，那相应信息安全出现问题的概率较大，网络信息安全事件也时有发生。从单位内部来说，职员对信息安全的意识，信息管理和使用流程构建是否科学，权责制度是否清晰，都是云会计安全要考虑的因素。

（三）对云会计推广的建议

1. 对信息安全技术出台国家标准。针对我国网络信息技术制度不明确，缺乏信息安全技术的国家标准，无法指导网络服务商开展设计和实施。国家应尽快出台云会计应用环境的信息安全管理条例，进而全面提升网络运营者的网络安全防护能力。

国家应在云计算发展的背景下，参考借鉴发达国家的经验，结合我国云会计技术水平发展现状，听取用户及市场反馈，调研云会计行业，设定云会计的方向和发展目标，对云会计的应用环境、安全标准、数据存储及售后服务制定并完善信息法律法规，减少用户及潜在用户的顾虑，消除人们对法律及标准方面的担忧。只有规范的应用环境，明确的国家标准，云会计的全面推广才能成为可能。

2. 用户权限严格审核，并对操作进行跟踪记录。在大数据高速发展的时代，不仅要提高外部的竞争力，也要优化机构内部管理。单位应建立健全的会计内控制度，部门人员各司其职。每个岗位 UK 权限的设置、授权及权限变更，都要有主管严格审批，做到各个岗位权限与其工作职责相符。

通过设置安全性高的账号密码去保障单位的会计信息，梳理所有支出支付的权限，做到与相关预算的关联控制。可以在协议中约定，定期将每个 UK 用户的权限及操作日志导出，也为日后的审计工作提供线索。对每个用户的操作都有跟踪记录，登录及修改活动都留有痕迹，真实记录在计算机上进行的各种操作，以提高系统的安全性。

3. 云会计供应商应深入研究提高行业个性化要求。云会计供应充分发挥系统功能，提高云会计系统与用户之间的沟通交流，不仅要提高数据高效处理的能力，而且要为单位管理层提供准确的数据分析，满足用户需求。

目前，各个行业都实行人性化管理，特别看重员工对软件的使用体验，因此，云会计系统是一个可快速实现个性化要求的系统。供应商加大推行力度，为用户提供参考典型客户案例，实时修改更适合用户的相应流程，满足各行业用户的个性化要求，吸引各行业用户群，提高竞争力，加大宣传，提高人们对云的认识。

4. 建立安全体系，为云会计创造良好的应用环境。出于安全性考虑，把数据信息按重要性分级管理，可以租用混合云。

混合云模式为专属云和公有云的综合，在公共云中操作没有过高安全性要求但具有统一标准的业务，在私有云中执行安全要求较高的核心业务。混合云既降低了单位的投入成本，又提高了数据的安全性，集私有云与公有云两者优势，综合发挥"云"的功效。

规范企业信用环境，净化网络环境，加强对服务商的监管，提高准入门槛，制定退出机制标准。财政部门加强对会计人员进行云会计相关知识的培训，先让会计人员有认识的过程，再有使用云会计的意识。国家应加大云会计的宣传，改变人们的观念，联合云会计服务商一起创造一个良好的应用环境，从而才能推广云会计在各行各业的应用。

第三章 大数据背景下现代企业预算与管理

第一节 现代企业预算的编制

一、现代企业预算概述

预算是企业在预测、决策的基础上，以数量和金额的形式反映企业未来一定时期内经营、投资、财务等活动的具体计划，是为实现企业目标而对各种资源和企业活动所做的详细安排。企业预算是一种覆盖企业未来一定期间所有营运活动过程的计划，它是企业最高管理者为整个企业及其各部门设定的目标、战略及方案的正式表达。

而预算是行动计划的数量表达。但预算并不同于计划，任何有意义的设想都可称之为计划，如工作目标、实现目标的步骤和方法等，而预算则是使用货币度量的计划。

预算管理是企业管理的重要组成部分，是企业实现总体战略目标的重要途径。当企业的总体战略目标确定后，要将其落实到生产部、人力资源部、销售部等各个职能部门，形成各职能部门的目标，然后再以预算的方式对既定目标进行量化。

如生产部的生产目标，销售部门的销售目标，管理部门的费用控制目标等都会在预算中用相应的预算指标确定下来。在企业每一阶段的生产经营过程中，都应以本阶段的预算指标作为控制的标准和绩效考核的依据，以确保企业战略目标的实现。"凡事预则立，不预则废"，随着经营规模的扩大和组织结构变得复杂，面对瞬息万变的市场环境，如果事先不通过预算的形式对未来一定期间的经营活动进行规划和统筹安排，其经营结果将很难预料。

（一）现代企业预算的分类

（1）根据内容的不同，企业预算可以分为业务预算、专门决策预算和财务预算。业务预算是与企业日常的生产经营活动直接相关的经营业务的各种预算。它主要包括生产预算、销售预算、直接材料预算、直接人工预算、制造费用预算、产品成本预算、销售费用预算和管理费用预算等。专门决策预算是企业预测在一定时期内不经常发生的、一次性的重要决策预算，主要包括经营决策预算和资本支出预算。经营决策预算是与企业生产决策、存货决策、投资决策、筹资决策、利润分配决策等短期经营决策密切相关的专门决策预算。资本支出预算需要根据经过审核批准的各个长期投资决策项目编制，是选中决策方案的进一步规划。如企业进行固定资产的更新改造，必须在做好可行性分析的基础上编制预算，预算内容具体包括更新改造投资多少资金、什么时候开始投资、以什么渠道和方式筹资、什么时候可以使用、未来每年的现金流量等。财务预算是指反映企业在计划期内有关现金收支、财务状况和经营成果的预算，主要包括现金预算、预计资产负债表、预计利润表、预计现金流量表。财务预算作为全面预算的最后环节，能综合反映企业业务预算和专门决策预算的结果。也就是说，业务预算和专门决策预算可以用货币金额在财务预算中予以显示，因此，财务预算就成了各项业务预算和专门决策预算的整体计划，同时财务预算在全面预算中占有举足轻重的地位。

（2）按预算指标覆盖时间的长短，企业预算可分为长期预算和短期预算。通常将预算期在 1 年以上的预算称为长期预算，预算期在 1 年以内（含 1 年）的预算称为短期预算。

由于长期投资所需资金金额较大，影响期较长，因此长期预算编制的好坏会影响到一个企业长期的财务目标是否能如期实现，影响到企业今后若干年后的经济效益，同时会影响企业短期预算的编制。预算的编制时间长短需根据预算的内容和实际需要制定，可以是一周、一月、一季、一年或若干年等。在预算的编制过程中，往往应结合预算的特点，将长期预算和短期预算结合使用。一般来说，企业的业务预算和财务预算多为一年期的短期预算，年内再按季或月细分。

（二）现代企业预算的特征

（1）预算可数量化，并具有可执行性。因为预算作为一种数量化的详细计划，它是对未来活动的细致、周密安排，是未来经营活动的依据。

（2）预算与企业的战略或目标保持高度一致。因为预算是为实现企业目标而对各种资源和企业活动所做的详细安排。

（三）现代企业预算的作用

"企业财务管理的方法很多，但财务预算被认为是一个有效的管理模式，在企业经营管理中发挥着重大的作用。"① 一般认为，预算的作用主要表现在以下六个方面。

（1）有利于实现企业预期目标。通过预算可以控制企业经营活动过程，随时发现企业经营活动中出现的问题，并采取一定的措施进行补救，纠正不良偏差，通过有效的方式实现企业预期目标。因此，预算具有规划、控制、引导企业经济活动有序进行，以最经济有效的方式实现预定目标的功能。

（2）有助于实现企业内部各部门之间的协调。在企业生产经营过程中，企业各个部门之间以及各部门与企业整体之间，存在着非常密切的联系，这些联系往往决定着企业整体利益与各部门及职工个人的利益，这就要求企业为了完成整体目标和任务，各部门之间必须紧密配合，相互协调，统筹兼顾，合理安排。

各部门预算的综合平衡，能促使各部门管理人员清楚地了解本部门在全局中的地位和作用，尽可能做好部门之间的协调工作。各部门之间只有协调一致，才能最大限度地实现企业整体目标最优化。如企业的生产部门、销售部门、财务部门等各部门可以根据该部门具体情况制订出最合适的计划，但该计划在其他部门不一定行得通。生产部门编制的能充分利用现有生产能力的计划，但销售部可能无力将这些产品销售出去；销售部门根据市场预测提出了一个庞大的销售计划，生产部门可能没有足够的生产能力；生产部门和销售部门都认为企业应该扩大再生产，财务部门却认为无法筹集所需资金。全面预算经过综合权衡后可以解决各部门之间的冲突，可以使各部门在此基础上分工协作。

（3）有利于企业开展业绩考核。预算作为企业财务活动的行为标准，使各项活动的执行有章可循。财务预算为考核各部门及员工工作业绩提供了依据。经过分解落实的预算规划目标能与部门、责任人的业绩考评结合起来，成为奖勤罚懒、评估优劣的准绳。

企业可以定期或不定期地检查考评各部门所承担工作任务的完成情况，确保企业总体目标的实现。因此，企业各职能部门应根据全面预算要求，有目的、有步骤地安排日常工作，组织生产经营活动，把实际成果与预算目标相对比，分析差异产生的原因，采取一定的措施，解决问题，保质保量地完成任务。

（4）为企业提供战略支持。企业管理最为核心的是财务战略管理，它对企业未来的走向进行规划，具有前瞻性特征。财务预算本质上是对未来的一种管理，它通过规划未来的发展指导现在的实践，因而具有战略性，对集团战略起着全方位的支持作用。

战略支持最充分的体现是在预算的动态性上，它通过滚动预算和弹性预算形式，将未来置于现实之中。财务预算在企业战略指导下，定量反映企业的经营方针和经营目标，详细列示出实现企业战略目标应采取的方法和措施，有利于企业各部门及职工了解整个企业

---

① 吕文，程兰兰. 财务管理［M］. 武汉：华中科技大学出版社，2017：61.

的经营战略，从而为实现企业战略目标而共同奋斗。

（5）有助于提高员工的参与度和积极性。参与预算不是单一部门或单一个人的管理行为，财务预算过程涉及方方面面，涉及企业的各个部门及所有员工，那种将财务预算视为部门管理或权威管理的想法是不对的。管理的对象是人，但管理的主体同样是人，如何调动全员的积极性，不能单凭一句口号，而必须付出实际行动。

从管理实践上来看，要想全方位调动员工的积极性，必须要提出一个目标，然后通过设置目标来激发和引导大家。因此，财务预算通过设置各项定量指标，使职工的需要与企业的目标挂钩，能充分调动员工的积极性，将企业管理作为人人自发的一种管理。

（6）有利于企业加强财务控制。预算是一种控制机制，作为一种控制机制，它将预算主体和预算单位的行为调和到"自我约束"和"自我激励"这一层面上。

也就是说，预算作为一根"标杆"，可以使所有的预算执行主体知道自己的目标是什么，如何做才能努力完成预算，预算完成情况是如何与其自身绩效挂钩的，从而起到一种自我约束与自我激励相对等的作用。同时，对于预算主体而言，有明确的依据进行考核，从而控制企业管理的运行过程，并保证结果的实现。从这一层面来看，财务预算对于企业而言，既是对行为主体的行为过程控制，同时也是对其行为结果控制的一种机制。

（四）现代企业预算工作的组织

预算工作的组织包括决策层、管理层、执行层和考核层，具体如下。

（1）企业董事会或总经理办公会应当对预算的管理工作负责。企业董事会或总经理可以根据企业的具体情况设立预算管理委员会，或指定财务管理部门全面负责预算管理事宜，并对企业法定代表负责。

（2）预算管理委员会或财务管理部门主要拟定预算的目标、政策，指定预算管理的实施办法，审议预算方案，组织下达预算，协调解决预算编制和执行过程中存在的问题，组织审计、考核预算的执行情况，督促企业完成预算目标。

（3）企业预算管理部门具体负责企业预算的跟踪管理，监督预算的执行情况，分析预算与实际执行存在的差异及其原因，提出改进建议。

（4）企业的生产、市场营销、人力资源等职能部门具体负责本部门业务涉及的预算编制、执行、分析等工作，并配合预算管理委员会或财务管理部门做好企业总预算的综合平衡、协调、分析、控制与考核等工作。其职能部门主要负责人参与企业预算管理委员会的工作，并对本部门预算执行结果承担责任。

（5）企业所属基层单位是企业预算的基本单位，在企业财务管理部门的指导下，负责本部门现金流量、经营成果和各项成本费用预算的编制、控制、分析工作，接受企业的检查和考核。其主要负责人对本单位财务预算的执行结果承担责任。

二、企业业务预算的编制

业务预算也称经营预算或营业预算，是指与企业日常生产经营活动直接相关的经营业务的各种预算，主要包括销售预算、生产预算、直接材料预算、直接人工预算、制造费用预算、产品成本预算、销售及管理费用预算等。

（1）销售预算。在市场经济条件下，企业的生产必须根据市场需求量来决定，即以销定产。

销售预算是指反映企业预算期内提供商品或劳务的销售单价、销售数量和销售收入的预算。因此，销售预算是整个预算的编制起点，其他预算的编制都以销售预算为基础。销售预算主要是销量、单价和销售收入的预算。销量是根据市场预算或销售合同并结合企业的生产能力确定的；单价是通过价格决策确定的；销售收入是销量和单价的乘积。

实际上，销售预算要分品种、分月份、分区域来编制。销售预算中通常还包括预计现金收入的计算，其目的是为编制现金预算提供必要的资料。第一季度的现金收入包括两部分：第一部分是上年应收账款在本年第一季度收到的货款；第二部分是本季度销售中可能收到的货款。

（2）生产预算。生产预算是为了规划预算期内生产规模而编制的一种业务预算，它是在销售预算的基础上编制的，并可以作为编制直接材料预算和产品成本预算的依据。

通常情况下，企业的生产和销售不能"同步同量"，生产除了满足销售外，还需要有一定的存货量，以保证在发生意外需求时能按时供货，均衡生产，减少赶工生产而增加的额外开支。生产预算在实际编制时，会受到企业实际生产能力和仓库容量的限制，只能在此范围内安排各期生产量和产成品存货数量。

此外，受季节的影响，有的产品在旺季的时候销量较大，可以通过赶工的方法来增产。如果提前在淡季生产，会因增加产成品存货而多支付资金利息。因此，要权衡两者之间的得失，选择成本最低的方案。

（3）直接材料预算。直接材料是指企业生产产品和提供劳务过程中所消耗的、直接用于产品生产并构成产品实体的原料、主要材料、外购半成品，以及有助于产品形成的辅助材料及其他直接材料。直接材料预算是指反映企业预算期内各种直接材料的消耗数量、采购数量及采购金额的预算，它要以生产预算为基础，同时要考虑原材料的存货水平。为了便于以后编制现金预算，通常要预计材料采购各季度的现金支出。每个季度的现金支出包括偿还上期应付账款和本期应支付的采购货款。如果企业材料的品种很多，需要单独编制材料存货预算。

（4）直接人工预算。直接人工是指企业在生产产品和提供劳务的过程中，直接从事产品生产或提供劳务职工的工资、奖金、津贴、补贴、福利费等。直接人工预算就是为了反映企业预算期内直接人工工时的耗用水平和直接人工成本水平而编制的一种日常业务预算。直接人工预算也是以生产预算为基础编制的，其主要内容有预计生产量、单位产品人工工时、人工总工时、每小时人工成本和人工总成本。

（5）制造费用预算。制造费用是指企业各生产单位为生产产品和提供劳务而发生的除直接材料和直接人工以外的各项间接生产成本。制造费用预算就是为了反映预算期内各项间接生产成本而编制的费用预算。制造费用按其成本习性可以分为变动制造费用和固定制造费用两部分。

变动制造费用以生产预算为基础来编制，也就是根据预计生产量和预计的变动制造费用分配率来确定费用；固定制造费用一般需要逐项预计，因为其通常与本期生产量无关。为了便于以后编制现金预算，需要预计现金支出。制造费用除折旧费都需支付现金，所以根据每个季度制造费用合计数额扣除折旧费后，即可得出现金支出的费用。

（6）产品成本预算。在制造成本法下，生产产品耗用的直接材料、直接人工和制造费用计入产品生产成本。产品生产成本预算就是反映预算期内各种产品生产成本总额和单位成本的一种业务预算。它是销售预算、生产预算、直接材料预算、直接人工预算、制造费用预算的汇总。

（7）销售及管理费用预算。销售费用预算是指为了实现销售预算所需支付的费用预算。它以销售预算为基础，分析销售收入、销售利润与销售费用之间的关系，力求实现销售费用的最合理使用。

在安排销售预算时，要利用本量利分析的方法。费用的支出应能获取更多的收益。在草拟销售费用预算时，要对过去的销售费用进行分析，考察过去发生的销售费用支出的必要性和效果。销售费用预算应与销售预算相结合，应有按品种、按地区、按用途的具体预算数额。

管理费用预算是企业进行日常经营管理所必需的费用。随着企业经营规模的扩大，其费用也日益增加。在编制管理费用预算时，要对进行的经营业绩和财务状况进行分析，务必做到费用合理化。管理费用多属于固定成本，所以一般以过去的实际开支为基础，按预算期的可预见变化来调整，同时要充分考察每项费用是否必要，以便提高其使用效率。

三、企业专门决策预算的编制

专门决策预算是指企业不经常发生的长期投资决策项目预算，反映企业固定资产购置、扩建、更新、改造或新产品研发等长期投资规划的预算，通常是指与项目投资决策相关的专门预算，它往往涉及长期建设项目的资金投放与筹集，并经常跨越多个年度。

编制专门决策预算的依据是项目财务可行性分析资料以及企业筹资决策资料，一般需要单独编制预算，详细反映固定资产、流动资产投资的金额和资金的筹措方式，作为投资决策的参考依据。专门决策预算的要点是准确反映项目资金投资支出与筹资计划，它同时也是编制现金预算和预计资产负债表的依据。

第二节　现代企业预算的执行与考核

一、企业预算的执行

企业全面预算一经批准下达，各预算执行单位应当认真组织实施，将预算指标层层分解，从横向和纵向落实到内部各部门、各环节和各岗位，形成全方位的预算执行责任体系。企业应当以年度预算作为组织、协调各项生产经营活动的基本依据，将年度预算细分为季度、月度预算，通过实施分期预算控制，实现年度预算目标。企业应当根据全面预算管理要求，组织各项生产经营活动和投融资活动。企业应当加强资金收付业务的预算控制，及时组织资金收入，严格控制资金支出，调节资金收付平衡，防范支付风险。对于超预算或预算外的资金支付，应当实行严格的审批制度。

企业办理采购与付款、销售与收款、成本费用、工程项目、对外投融资、研究与开发、信息系统、人力资源、安全环保、资产购置与维护等业务和事项，均应符合预算要求。涉及生产过程和成本费用的，还应执行相关计划、定额、定率标准。企业应当严格执行销售、生产和成本费用预算，努力完成利润指标。

在日常控制中，企业应当健全凭证记录，完善各项管理规章制度，严格执行生产经营月度计划和成本费用的定额、定率标准，加强适时控制。对预算执行过程中出现的异常情况，企业有关部门应及时查明原因，提出解决办法。

企业应当建立预算报告制度，要求各预算单位定期报告预算的执行情况。对预算执行过程中发现的新问题、新情况及出现偏差较大的重大项目，企业财务管理部门以至预算管理委员会应当责成有关预算执行单位查找原因，提出改进经营管理的措施和建议。

企业预算管理工作机构应当加强与各预算执行单位的沟通，运用财务信息和其他相关资料监控预算执行情况，采用恰当的方式及时向决策机构和各预算执行单位报告、反馈预算执行进度、执行差异及其对预算目标的影响，促进企业全面预算目标的实现。

二、企业预算的调整

企业已正式下达执行的预算，一般不予以调整。如果预算执行单位在执行中由于市场环境、经营条件、政策法规等发生重大变化，致使预算的编制基础不成立，或者可能导致预算执行结果产生重大偏差的，可以调整预算。企业应当建立内部弹性预算制度，对于不影响预算目标的业务预算、专门决策预算，企业可以按照内部授权批准制度执行，鼓励预算执行单位及时采取有效的经营管理对策，保证预算目标的实现。

企业调整预算，应当由预算执行单位逐级向企业预算管理委员会提出书面报告，书面报告中要明确说明预算执行的具体情况、客观因素变化情况及其对预算执行造成的影响程度，并提出预算指标的调整幅度。企业财务管理部门应当对预算执行单位的预算调整报告进行审核，集中编制企业年度预算调整方案，提交预算管理委员会以至企业董事会或总经理办公会审议批准，然后下达执行。

对于预算执行单位提出的预算调整事项，企业进行决策时，一般应遵循以下要求：①预算调整事项不能偏离企业发展战略；②预算调整方案应该在经济上实现最优化；③预算调整重点应当放在预算执行中出现的重要的、非正常的、不符合常规的关键性差异方面。

三、企业预算的考核

企业应当建立预算分析制度，由预算管理委员会定期召开预算执行分析会议，全面掌握预算的执行情况，研究和解决预算执行中存在的问题，纠正预算的执行偏差。企业管理部门及各预算执行单位应当充分搜集有关财务、市场、政策、法律等方面的信息资料，根据不同情况分别采用比率分析、比较分析、因素分析、平衡分析等方法开展预算执行分析，从定量和定性两个层面充分反映预算执行单位的现状、发展趋势及其存在的潜力。

预算执行过程中存在的偏差，企业财务管理部门及各预算执行单位应充分、客观地分析产生的原因，并提出相应的解决措施，提交董事会或总经理办公会研究决定。企业预算管理委员会应定期组织预算审计，纠正预算执行中存在的问题，充分发挥内部审计的监督作用，维护预算管理的严肃性。

预算审计可采用全面审计或抽样审计，在特殊情况下，企业也可以组织不定期的专项审计。审计工作结束后，由企业内部审计机构根据审计情况形成审计报告，直接提交给预算管理委员会以至企业董事会或总经理办公会，作为调整预算、改进内部经营管理和财务考核的一项重要参考依据。

预算年度结束后，预算管理委员会应向董事会或总经理办公会报告预算执行情况，并根据预算完成情况和预算审计情况对预算执行单位进行考核。企业内部预算执行单位上报的预算执行报告，应经本部门、本单位负责人按照内部规范审议通过，作为企业进行财务考核的基本依据。企业预算按调整后的预算执行，预算完成情况以企业年度财务会计报告为准。企业预算执行考核是企业绩效评价的主要内容，应当结合年度内部经济责任制进行考核，与预算执行单位负责人的奖惩挂钩，并作为企业内部人力资源管理的参考。

第三节　大数据背景下现代企业全面预算管理

2016 年 7 月，财政部发布了《管理会计基本指引》，这标志着我国管理会计体系进入了一个崭新的发展时期。全面预算管理作为企业经营管理的一个重要环节，是企业经营发展的关键因素。

全面预算管理是综合反映企业在一定时期内生产经营活动各方面目标和行动规划，通过全面预算管理的协调和控制功能，能够优化企业人力、物力、资金的使用，从而帮助企业决策者进行科学的战略规划。而到了 21 世纪以后，随着互联网技术的飞速发展，大数据、云计算等日益成为主流的运用技术，将全面预算管理与这些新兴技术进行融合，已然成为全面预算管理发展的主要方向之一。

云会计就是以云计算为依托，借助互联网技术将软件、硬件设备融合运用于现代会计信息系统之中，其具有实时共享、信息传递、分析、筛选和储存的功能，能为企业的经营管理决策提供可靠的数据信息。

一、全面预算管理的相关理论

（一）全面预算管理的理论基础

全面预算管理理论是一项更加科学更加全面的管理理论，但它的产生和发展始终都离不开其他管理理论的铺垫。

（1）委托代理理论。现代企业的一个显著特点是企业所有权和经营权相分离。企业通过设立股东大会、董事会、监事会等机构，以及公司章程的约定，来明确各方的权利和职责。但是，由于委托人和代理人之间的信息不对称，容易使企业产生利益冲突以及权力纷争上的问题。

全面预算管理中需要用到委托代理的方法来解决这些问题，用来划清管理层和股东的关系，并且规范他们各自的行为，从而使得全面预算管理更有秩序地进行。

（2）激励理论。激励是行为产生的驱动力，有什么样的驱动力就会产生什么样的行为效果。每个个体需要激励，每个团队乃至每个组织同样也需要激励。

全面预算管理要充分运用激励理论，调动员工的工作积极性，把个人利益和企业利益密切地联系在一起，最大限度地发挥其个人价值。

（3）控制理论。控制是当今企业必须要拥有的一个必要的管理环节，它可以把控整个企业的管理流程，从而使得企业更加健康有序地运作。

全面预算当中的控制是相当重要的，要做好控制，必须要把每个预算执行单位和员工对自己预算执行过程的控制，把具体工作的具体责任都划分清楚，统统纳入预算编制体系，不仅使责任到人，而且还加强了员工对于预算管理的参与感和认同感，从某种意义上讲为鼓励全体参与管理做出了较大的贡献。

（4）战略管理理论。战略管理是指为实现战略目标，充分研究内外部环境，制定战略决策、实施战略方案，并评价战略效果的动态管理过程。

预算管理中的预算就跟战略有着非常密切的关系，战略是企业的总目标，而预算就是企业总目标中的一个个小目标，它们之间的关系是相互包含，并且方向一致，所以战略管理理对于预算管理起着非常重要的作用。二者必须相互统一，且方向一致，才能保证企业预算管理和战略目标的运行和实现。

总之，全面预算管理体系是预算管理理论、委托代理理论、激励理论、控制理论、战略管理理论等一些管理学理论的糅杂和统一。全面预算管理作为融合了多种理论的一种管理模式，在现代企业当中发挥着举足轻重的作用。

（二）全面预算管理的职能

全面预算管理是以企业战略为首要目标，集合了规划控制调节为一体的多种行为要素，贯穿于企业的各个环节各个方面的现代企业管理系统，是被大家广泛认可的现代企业管理模式。

全面预算管理是一个科学的系统工程，它包括预算编制、预算执行、预算控制、预算调整、预算核算、预算分析、预算反馈、预算审计、考评奖惩等九个部分组成，这九个部分全面系统地概括了全面预算管理的整个具体流程，使之能够更好在企业中发挥作用。

全面预算管理的核心在于"全面"二字，它本身所具有的特点具体体现在以下的全额（全方位）、全程、全员三个方面。

（1）全方位。企业预算的全方位是指预算的内容要包括企业的一切经济活动，只有这样，才能够让企业的预算真实准确地体现企业本身的经济情况，才能保证预算目标的制定和达成。

（2）全过程。全面预算的全方位就是指不管是预算前还是预算中还是预算后都纳入企业预算管理的活动中来，对于整个过程的监控和检查，保证预算系统合理有效地进行，把经营风险控制到最小。

（3）全员参与。全面预算的全民参与就是指企业的全体员工都积极地参与到预算管理中来，每个人作为预算管理的主体，做好监督，做好审查，才能达到预算的目标。全面预算管理就是全方位、全过程和全员参与的预算管理是企业开启全面管理模式的体现，是企业向现代化管理模式迈进的重要一步。

二、目前全面预算管理的局限性

（1）全面预算管理跟战略导向相分离。战略是一个企业发展的最终目标，也是决定企业发展成多大的规模的一个导向方针。而如果一个企业想要成功，就必须提出一个契合企业自身发展情况、紧密结合大环境的企业战略，并且企业的行动和政策要配合战略，才能达到效果。所以说战略导向对于企业来讲是非常重要的。而目前的许多企业单纯追求最大利益，只看重短期目标，过分关注短期财务目标的实现，从而忽略了企业的总体战略，企业的大多数员工也对于企业整体战略的概念模糊，不知道如何将预算目标体现在预算和工作中，导致了预算和战略的分离，企业的预算指标中并没有上升到企业的战略层面，这将会极大阻碍企业将来的发展。

（2）全面预算编制内容不够全面、客观。由于传统预算方式得到数据滞后并且数据过多导致内容变得缺乏对比性和多样性，使得大部分的全面预算编制内容片面，并且上面的内容并不能完全反映出全面预算的结果，而且缺乏对比性和时效性使得全面预算编制变得作用不大。并且其上面关注的财务指标过于单一，在业绩衡量上就会缺少真实性，较少考虑驱动企业价值增值的其他财务因素，这就是在实践中会导致企业预算管理滞后于企业的生产销售，预算管理沦为事后考核的工具，使得企业的发展变为短期行为，不利于企业长期经营。

（3）全面预算组织信息传递效率较慢，不够协调统一。企业的组织结构是企业的经营主体，企业各个部门主体之间应该是相互沟通协调，各个部门战略统一，相互独立但是又相互关联。但是目前普遍存在情况是许多企业并没有设置专门的全面预算管理部门或者机构，预算及决策的实行大多都是由财务部门负责，这难免使得大家都认为预算是财务行为，是财务部门做的事情，应该交由他们来管。其次基层业务人员很难接触到全面预算管理，也就参与不到预算的编制中来，由于信息交互的障碍，极大削弱了预算的科学性和全面性，最终导致企业预算流于形式，缺乏控制监督。没有充分的信息沟通是无法使得全面预算的实施拥有高效完整的组织体系支持的。

（4）预算指标不科学，预算编制水平较低。全面预算需要将企业的资源、信息、人力、资金进行高度整合，着重强调的是人本化、战略化、系统化，资源有效配置、高度协作控制、战略驱动成果，企业的各个部门、各个岗位都应全面参与进来，体现的是一种集权分权相互结合的制度，站在企业的战略上，将权力和责任具体划分，落实并监督，根据反映的结果及时做出反馈。但在实际操作中许多企业在全面预算管理中都更注重预算的编制，而对于预算的执行并没重点考虑的现象，对于编制的预算指标进行弹性改变以此来降低预算目标，完成预算任务，对于特殊情况的预算处理变得不再统一，反而不予处理，以及预算指标有效性差，并没有什么实际意义，尤其在新的条件环境下再用之前旧的计算方式得出的预算指标已经不能提供有价值的信息，最后以此为基础编制的预算难以让企业实现资源的有效配置，对企业的长期发展造成不利影响。

三、大数据时代企业全面预算管理的构建

（一）云计算战略

云计算是一种新型计算模型。是一种新兴的共享基础架构的方法，它的核心是提供数据存储和网络服务而它所面对的就是超大的分布式环境。

在云服务环境下，客户可以根据自身的需求定制专属于自己的服务，我们把云计算基本分为三个层次，即基础设施即服务（IaaS）、平台即服务（PaaS）和软件即服务（SaaS）。

（二）大数据下的企业特征及应用

1. 大数据下的企业特征

（1）能够及时获取所需的会计数据。在互联网信息时代下，信息的获取变得更加简单、快捷，云会计也是相同的道理，在大数据的环境下，企业所需要的会计信息和数据都可以借助网络手段在云计算平台进行获取，并且比以往得到信息的方式要更加简便、快捷，能够迅速实现信息的交互和共享。并且由于所有的数据都存储在云端，会计人员可以随时随地的在云端下载会计信息进行会计作业，打破了空间、时间的限制，极大地提高了工作效率。

（2）空间分离的现象普遍存在。对于企业而言，不必购买大量的存储设备对会计信息进行备份和整理，不但占用空间，而且还耗费大量的人力物力财力，现在企业把信息数据统一上传到云端的中央处理器上，可以使企业的物理位置和存储会计数据保持空间分离。而原先以结构为主的数据形式也被信息为主的数据方式所代替。

（3）信息的相关性。由于现在信息价值的重要性，无论是大数据还是小数据企业都对

于信息更加的关注和重视，随着云会计的出现，会计信息成为彼此交换的符号，会计信息也就变得更为重要。大规模的数据分析目的是通过对其相关性的分析对企业的发展趋势进行有效的预测。而小规模的数据分析更注重对企业经营成效的反映，现在综合性企业大数据的分析目的是为了以后的市场规划和战略导向服务，对以后企业的长期发展提供有力支持。

2. 大数据背景下企业全面预算管理应用

（1）企业信息化建设中的应用。在大数据时代的环境下，云会计在企业信息化发展建设中的应用越来越广泛。企业的会计运算资源都布置在云端，企业平时经营中的各种会计信息都会被集中统一输送到云处理器当中，它对其进行整合处理分析最后得出反馈，再发布给各个子系统。云会计通过互联网平台及时有效的控制，可以更简便快捷地实现网上对账、网上交易这些对外的经济活动，对内的信息处理更全面到位，能够很好地与企业本身的会计准则保持一致性，内外都可以做到可靠的信息保证。与此同时，云会计还能够对企业的财务核算进行实时的监控避免出现财务风险，促进企业健康有序的发展。

（2）在企业财务会计流程化的应用。云会计的应用不止包括会计信息数据，随着信息技术的扩展，云会计也在企业财务会计流程构造中得到了应用。我们可以将企业平时经济活动中的业务流程输入到云会计平台当中，包括合同的签订、产品的购销、业务的执行等。

这些信息使得云端自行运算并且形成详细的报表和各项数据，在云端上重构出企业的业务流程，并做出反馈分析，满足企业自身发展战略的要求。从长远来看，对企业的发展战略和财务会计战略都有深远的意义。

（3）在企业会计成本核算系统化的应用。云会计还可以用在企业在进行成本核算系统创新的时候，云会计本身的按需定制，按需服务的方式使得相关的企业用户都可以按照需求量的多少来付费，而这种方式本身就极大降低了企业的会计核算成本，不必为了多余的会计任务而付出成本，从而降低了企业本身的成本负担。

云会计本身的优势和特点是很明显的，企业要充分认识它、了解它，才能更好地在企业信息化管理进程中更好地利用它，使得把云会计合理有效地应用到企业中来，在大数据时代的背景下提高效益，从而让企业获得长远的发展。

（4）大数据和全面预算的关系。全面预算管理是企业重要的管理模式，关系到企业的战略导向，在企业的计划实施和未来发展预测当中充当着不可替代的作用。而且全面预算管理是联系各部门，对整合和控制企业整体系统运作起到强大的支撑作用。而随着大数据、云会计技术的产生，可以帮助全面预算管理达到及时、有效、全面、控制等效果，并且保障了全面预算管理的实施和执行。而全面预算管理的实现也使得云会计更为高效，全面的运行，与其说云会计实现了全面预算管理，不如说两者是相辅相成，相互支持，相互实现的关系。在新的时代下，合理有效地利用新技术重新改革了全面预算管理，二者从某种意义上讲是合二为一的。

第一，大数据、云会计可以提高企业的预算编制水平，二者是相互利用的关系。以前预算计划的传达都是自上而下、层层传递，无论是工作效率还是反馈速度都是很低很慢的。这样严重低下的预算传达效率严重影响了企业发挥预算系统的功能性。而云会计的产生就可以很好的解决这一点，一旦预算计划制定完成，就可以在整个公司的信息网络上共享，大家都可以及时得到预算的信息，并且下级可以通过对预算目标的制定做出及时的反馈，这些都统一上传到企业自身的云端网络平台上，由它统一处理和整合，并分析出更为具体实际的预算计划。这样的作业换成以前可能要经过很久的时间，但是通过云会计可能就是几秒钟的事情，云会计大幅度提高了企业预算编制的水平，而预算编制也充分应用了云会计系统，使之也充分发挥了自己云端中心平台的作用，提升了编制效率的同时也提升了云技术的应用能力。

现在不但可以进行企业内部的纵向分析对比，而且随着现在云技术的升级，企业外部同行业的信息都可以在云系统中进行横向对比分析，除了企业本身的财务能力信息方面得出分析结果，还可以从外部市场环境和行业整体竞争中得出报告结果，并且进行预测和计算，得出下年度的整体成本参数。并且云端实时更新内部外部的数据，来更新分析结果，使预算编制出来的结果更加精确，并且具有弹性。

尤其是针对现在的集团企业中各个部门的关联性较差，无法统一调配企业给予的预算任务，并且不能达到战略目标一体化。云会计的实现帮助集团企业很好地解决了这个问题，云会计涉及企业的各个部门，信息在各个部门进行共享和融合的同时，也促进了组织内部的沟通和交流。使企业的各子公司，各个环节得到统一协调，从而全方位地提升集团企业预算编制的水平。

第二，大数据、云会计可以促进集团企业预算流程的优化，二者是相互结合的关系。之前传统的预算流程由于缺乏整体的规划和互通，使得流程之间会出现烦琐、不必要的环节，从而让企业的预算效率较慢，并且由于没有宏观系统的规划，也导致缺乏有效的控制，使得整个预算流程变得越来越跟不上企业发展的脚步。利用云平台技术，建立统一的云技术中心数据库，把所有的信息和流程录入到数据库当中，它可以站在企业整体宏观的角度对企业的各个环节的具体流程进行分析，在统一的战略导向下，建立具体的标准流程体系模型，进而对原有预算流程进行优化，从而实现预算管理的标准化。由于大公司里面的体系较多，环节较多，人工分配优化已经很难适应现在发展的需求，所以利用云会计统一协调各个流程环节，使得整个企业变得协调统一，并且更易管理和控制，云会计和预算管理的结合大大节省了企业的人力物力，对企业整体的健康发展起着功不可没的作用。此外，利用云会计平台信息的实时更新和透明性，可以在预算流程中通过信息的流通得到及时反馈，更好地让预算控制得以运用，并针对其出现的偏差或资源分配不均、基于战略需要进行及时调整和动态改进，实现预算流程的持续优化与改进。

第三，大数据、云会计可以推动建立企业的预算数据中心，二者是相互促进的关系。大数据、云会计的存在必然会推动建立企业的预算数据中心，而这个预算数据的中心，保留着关于企业自身的预算有关的数据信息和企业外部的跟预算指标有关系的一切信息，它们能够更全面地帮助企业分析出结合市场和企业自身情况的预算报告，帮企业制定好更为全面实际的预算目标。这同时也是云会计和全面预算管理二者相互促进的体现，预算数据中心一方面促进了云会计在企业中的应用和发展，另一方面也更完备了企业的全面预算管理系统。所以说，企业的预算数据中心，是一个企业云会计预算管理系统的体现，也是一个企业的预算管理功能向战略管理和决策辅助方向拓展的标志，通过企业预算数据中心的建立，云会计和全面预算管理的相互促进，从而保证企业长远持久的发展。

四、大数据对企业全面预算管理的融合发展

（1）大数据、云会计能够有效提升企业的预算编制水平。企业传统的预算计划编制和预算审批工作，几乎都是靠自上而下的人工层层传播，这大大拉长了企业预算计划编制和预算审批的时长，进而降低了预算的时效性。而在云会计的使用下，预算编制可以最大化地实现上下结合的编制方式，然后通过云会计平台快速地下达下一年度企业预算目标，进而广泛搜集数据来确定接下来的预算编制政策。同时，各子公司可以通过云平台更加便捷地了解企业的预算政策和预算目标，这有利于各子公司预算计划的统一上传，进而大大缩短了预算编制的时长提高了预算编制的时效性。

除此之外，企业随着经营效益的提升和规模的不断壮大，单一的预算管理模式很容易造成各子公司信息孤岛现象的产生。而通过云会计平台，能够连接总公司和各子公司的信息，使整个企业实现预算、绩效和战略一体化设计，从而促进公司内部各部门以及总公司和各子公司的联系和沟通，从而全方位地提升企业的预算编制水平。

（2）大数据、云会计能够促进企业预算流程的优化。一方面企业传统的预算流程，无法沟通联系公司各部门和各子公司的信息互动，造成预算环节重复以及审批程序复杂的问题。而大数据与云会计的应用，有利于企业进行多维度的信息数据搜集，进而建立战略分析模型，对预算管理流程实现最大化的优化。然后通过分层级的定制化服务，满足各部门和子公司的个性化预算信息需求，并且通过应用大数据和云会计，能够有效降低人为因素对预算流程的负面影响，从而提高了预算流程的效率，降低了企业的预算管理风险。另一

方面，大数据和云会计的应用，能够让企业对预算流程的每个节点都实现即时观测和反馈，使预算控制能够贯穿于企业整个经营活动过程，并及时发现其中的偏差和错误，实现动态调整，这在某种程度上大大增强了企业的预算流程透明性。

（3）大数据、云会计推动建立企业预算数据中心。在企业传统管理模式中，往往是由企业内部的财务部门通过分析内部数据来实施企业全面预算管理，而缺少对企业外部数据的参考。这样的数据分析结果不可避免地产生了滞后性的问题，使得分析结果往往与企业实际业务相脱节。

"随着大数据和云会计的应用，企业可以建立预算数据中心，凭借此数据中心将外部数据引入数据分析中，通过对海量的内外部数据进行多维分析，并且对纵向的企业历史数据和横向的相关行业数据进行整合分析，从而最大限度地发挥预算管理的战略分析功能。"①

另外，数据中心具有数据实时更新的功能，因此它可以将预算的编制和分析从事后拓展至事前、事中和事后，通过战略绩效的一体化，以结果导向保证预算的执行和控制。不仅如此，数据中心还可以利用数据挖掘技术，将信息资源转化为企业信息资产，从而充分发挥大数据的优势，提升企业的深度学习能力和核心竞争力。

---

① 朱秀梅. 大数据、云会计下的企业全面预算管理研究 [J]. 会计之友，2018（8）：96-99.

第四章　大数据背景下现代企业筹资管理

第一节　现代企业筹资及渠道分析

一、企业筹资概述

"企业筹资是指企业根据其生产经营、对外投资以及调整资本结构等需要，通过一定的渠道，采取恰当的方式，获取所需资金的一种行为。"[①]

企业筹集的资金可按不同的标准进行分类，主要分类如下。

（1）按照资金的来源渠道不同进行分类。按照资金的来源渠道不同，可分为权益性筹资和负债性筹资。

权益性筹资又称为"自有资金筹资"，是指企业通过发行股票、吸收直接投资、内部积累等方式筹集资金。企业采用吸收自有资金的方式筹集资金，一般不用还本，财务风险小，但付出的资金成本相对较高。

负债性筹资或称为借入资金筹资，是指企业通过发行债券、向银行借款、筹资租赁等方式筹集资金。企业采用借入资金的方式筹集资金，到期要归还本金和支付利息，一般承担较大风险，但相对而言，付出的资金成本较低。

（2）按照所筹资金使用期限长短不同进行分类。按照所筹资金使用期限的长短，可分为长期资金筹集和短期资金筹集。

长期资金，是指使用期限在一年以上或超过一年的一个营业周期以上的资金。长期资金主要投资于新产品的开发和推广、生产规模的扩大、厂房和设备的更新等，一般需几年甚至十几年才能收回。长期资金通常采用吸收直接投资、发行股票、发行债券、长期借款、筹资租赁和利用留存收益等方式来筹集。

短期资金，是指使用期限在一年以内或超过一年的一个营业周期以内的资金。短期资

---

① 吕文，程兰兰. 财务管理［M］. 武汉：华中科技大学出版社，2017：79

金主要投资于现金、应收账款、存货等，一般在短期内可收回。短期资金通常采用商业信用、短期银行借款、短期筹资券、应收账款转让等方式来筹集。

二、企业筹资渠道分析

筹资渠道是指筹措资金来源的方向与通道，体现资金的来源与流量。目前我国企业筹资渠道主要包括以下几种。

（1）银行信贷资金。银行对企业的各种贷款，是我国目前各类企业最为重要的资金来源。我国银行分为商业性银行和政策性银行两种。

商业性银行主要有中国银行、中国农业银行、中国工商银行、中国建设银行、交通银行等。

政策性银行主要有国家开发银行、中国进出口银行和农业发展银行。商业性银行是以盈利为目的、从事信贷资金投放的金融机构，它主要为企业提供各种商业贷款。政策性银行主要为特定企业提供政策性贷款。

（2）其他金融机构资金。其他金融机构也可以为企业提供一定的资金来源，其他金融机构主要指信托投资公司、保险公司、金融租赁公司、证券公司、财务公司等。它们所提供的各种金融服务，既包括信贷资金投放，也包括物质的融通，还包括为企业承销证券等金融服务。

（3）其他企业资金。其他企业资金也可以为企业提供一定的资金来源。企业在生产经营过程中，往往形成部分暂时闲置的资金，并为一定的目的而进行相互投资。另外，企业间的购销业务可以通过商业信用方式来完成，从而形成企业间的债权债务关系，形成债务人对债权人的短期信用资金占用。企业间的相互投资和商业信用的存在，使其他企业资金也成为企业资金的重要来源。

（4）居民个人资金。居民个人资金也可以为企业提供一定的资金来源，企业职工和居民个人的结余资金，作为"游离"于银行及非金融机构等之外的个人资金，可用于对企业进行投资，形成民间资金来源渠道，从而为企业所用。

（5）国家资金。国家对企业的直接投资是国有企业特别是国有独资企业获得资金的主要渠道之一。现有国有企业的资金来源中，其资本部分大多是由国家财政以直接拨款方式形成的。

除此之外，还有些国家是通过对企业"税前还贷"或减免各种税款而形成的。不管是何种形式形成的，从产权关系上看，它们都属于国家投入的资金，产权归国家所有。

（6）企业内部资金。又称"企业自留资金"，也称"企业内部留存"，是指企业内部形成的资金，主要包括提取公积金和未分配利润等。这些资金的重要特征之一是，它们无须企业通过一定的方式去筹集，而直接由企业内部自动生成或转移。

（一）现代企业资本金的筹集

资本金是企业权益资本的主要部分，是企业长期稳定拥有的基本资金，此外，一定数额的资本金也是企业取得债务资本的必要保证。

设立企业必须有法定的资本金。资本金是指企业在工商行政管理部门登记的注册资金，是投资者用以进行企业生产经营、承担民事责任而投入的资金。资本金在不同类型的企业中的表现形式有所不同，股份有限公司的资本金被称为股本，股份有限公司以外的一般企业的资本金被称为实收资本。从性质上看，资本金是投资者创建企业所投入的资本，是原始启动资金；从功能上看，资本金是投资者用以享有权益和承担责任的资金，有限责任公司和股份有限公司以其资本金为限对所负债务承担有限责任；从法律地位来看，资本金要在工商行政管理部门办理注册登记，投资者只能按所投入的资本金而不是所投入的实际资本数额享有权益和承担责任，已注册的资本金如果追加或减少，必须办理变更登记；从时效来看，除了企业清算、减资、转让回购股权等特殊情形外，投资者不得随意从企业收回资本金，企业可以无限期地占用投资者的出资。

（1）资本金的最低限额。有关法规制度规定了各类企业资本金的最低限额，我国《公司法》规定：股份有限公司注册资本的最低限额为人民币 500 万元，上市的股份有限公司股本总额不少于人民币 3000 万元；有限责任公司注册资本的最低限额为人民币 3 万元，一人有限责任公司的注册资本最低限额为人民币 10 万元。如果需要高于这些最低限额的，可以由法律、行政法规另行规定。比如，《注册会计师法》和《资产评估机构审批管理办法》均规定，设立公司制的会计师事务所或资产评估机构，注册资本应当不少于人民币 30 万元；《保险法》规定，采取股份有限公司形式设立的保险公司，其注册资本的最低限额为人民币 2 亿元；《证券法》规定，可以采取股份有限公司形式设立证券公司，在证券公司中属于经纪类的，最低注册资本为人民币 5000 万元；属于综合类的，公司注册资本最低限额为人民币 5 亿元。

（2）资本金的出资方式。根据我国《公司法》等法律法规的规定，投资者可以采取货币资产和非货币资产两种形式出资。全体投资者的货币出资金额不得低于公司注册资本的 30%；投资者可以用实物、知识产权、土地使用权等可以依法转让的非货币财产作价出资；法律、行政法规规定不得作为出资的财产除外。

（3）资本金缴纳的期限。资本金缴纳的期限，通常有三种办法：①实收资本制，在企业成立时一次筹足资本金总额，实收资本与注册资本数额一致，否则企业不能成立；②授权资本制，在企业成立时不一定一次筹足资本金总额，只要筹集了第一期资本，企业即可成立，其余部分由董事会在企业成立后进行筹集，企业成立时的实收资本与注册资本可能不相一致；③折中资本制，在企业成立时不一定一次筹足资本金总额，类似于授权资本制，但规定了首期出资的数额或比例及最后一期缴清资本的期限。我国《公司法》规定，资本金的缴纳采用折中资本制，资本金可以分期缴纳，但首次出资额不得低于法定注册资本的最低限额。股份有限公司和有限责任公司的股东首次出资额不得低于注册资本的20%，其余部分由股东自公司成立之日起两年内缴足，投资公司可以在5年内缴足。而对于一人有限责任公司，股东应当一次足额缴纳公司章程规定的注册资本额。

（4）资本金的评估。吸收实物、无形资产等非货币资产筹集资本金的，应按照评估确认的金额或者按合同、协议约定的金额计价。其中，为了避免虚假出资或通过出资转移财产，导致国有资产流失，国有及国有控股企业以非货币资产出资或者接受其他企业的非货币资产出资，需要委托有资格的资产评估机构进行资产评估，并以资产评估机构评估确认的资产价值作为投资作价的基础。经国务院、省政府批准实施的重大经济事项涉及的资产评估项目，分别由本级政府国有资产监管部门或者财政部门负责核准，其余资产评估项目一律实施备案制度。

严格来说，其他企业的资本金评估时，并不一定要求必须聘请专业评估机构评估，相关当事人或者聘请的第三方专业中介机构评估后认可的价格也可成为作价依据。不过，聘请第三方专业中介机构来评估相关的非货币资产，能够更好地保证评估作价的真实性和准确性，从而有效地保护公司及其债权人的利益。

（二）现代企业资本金的管理原则

企业资本金的管理，应当遵循资本保全这一基本原则。实现资本保全的具体要求，可分为资本确定、资本充实和资本维持三部分内容。

（1）资本确定原则。资本确定，是指企业设立时资本金数额的确定。企业设立时，必须明确规定企业的资本总额以及各投资者认缴的数额。如果投资者没有足够认缴资本总额，企业就不能成立。

为了强化资本确定的原则，法律规定由工商行政管理机构进行企业注册资本的登记管理。这是保护债权人利益、明晰企业产权的根本需要。根据《公司法》等法律法规的规定：一方面，投资者以认缴的资本为限对公司承担责任；另一方面，投资者以实际缴纳的资本为依据行使表决权和分取红利。《企业财务通则》规定，企业获准工商登记（即正式成立）后30日内，应依据验资报告向投资者出具出资证明书等凭证，以此为依据确定投资者的合法权益，界定其应承担的责任。特别是占有国有资本的企业需要按照国家有关规定申请国有资产产权登记，取得企业国有资产产权登记证，但这并不免除企业向投资者出具出资证明书的义务，因为前者仅是国有资产管理的行政手段。

（2）资本充实原则。资本充实，是指资本金的筹集应当及时、足额。企业筹集资本金的数额、方式、期限均要在投资合同或协议中约定，并在企业章程中加以规定，以确保企业能够及时、足额筹得资本金。

对企业登记注册的资本金，投资者应在法律法规和财务制度规定的期限内缴足。如果投资者未按规定出资，即为投资者违约，企业和其他投资者可以依法追究其责任，国家有关部门还将按照有关规定对违约者进行处罚。投资者在出资中的违约责任有两种情况：一是个别投资者单方违约，企业和其他投资者可以按企业章程的规定，要求违约方支付延迟出资的利息、赔偿经济损失；二是投资各方均违约或外资企业不按规定出资，则由工商行政管理部门进行处罚。企业筹集的注册资本，必须进行验资，以保证出资的真实可信。对验资的要求：一是依法委托法定的验资机构；二是验资机构要按照规定出具验资报告；三是验资机构依法承担提供验资虚假或重大遗漏报告的法律责任，因出具的验资证明不实给公司债权人造成损失的，除能够证明自己没有过错的外，在其证明不实的金额范围内承担赔偿责任。

（3）资本维持原则。资本维持，指企业在持续经营期间有义务保持资本金的完整性。企业除由股东大会或投资者会议做出增减资本决议并按法定程序办理者外，不得任意增减资本总额。

企业筹集的实收资本，在持续经营期间可以由投资者依照相关法律法规以及企业章程的规定转让或者减少，投资者不得抽逃或者变相抽回出资。

除《公司法》等有关法律法规另有规定外，企业不得回购本企业发行的股份。在下列四种情况下，股份公司可以回购本公司股份：减少公司注册资本；与持有本公司股份的其他公司合并；将股份奖励给本公司职工；股东因对股东大会做出的公司合并、分立决议持有异议而要求公司收购其股份。

股份公司依法回购股份，应当符合法定要求和条件，并经股东大会决议。用于将股份奖励给本公司职工而回购本公司股份的，不得超过本公司已发行股份总额的5%；用于收购的资金应当从公司的税后利润中支出；所收购的股份应当在1年内转让给职工。

第二节 现代企业筹资的方式选择

一、现代企业权益筹资

权益筹资又称为"自由资金"，是指企业通过吸收直接投资、发行股票、内部积累等方式筹集的资金。

（一）吸收直接投资筹资方式

1. 吸收直接投资筹资方式的种类

企业采用吸收直接投资方式筹集的资金一般可分为以下四类。

（1）吸收国家投资。吸收国家投资是国有企业筹集自有资金的主要方式。国家投资是指有权代表国家投资的政府部门或者机构以国有资产投入企业，由此形成国家资本金。

目前，除了国家以拨款形式投入企业所形成的各种资金外，用利润总额归还贷款后所形成的国家资金、财政和主管部门拨给企业的专用拨款以及减免税后形成的资金，也应视为国家投资。

吸收国家投资一般具有以下特点：产权归属于国家；资金数额较大；只有国有企业才能采用；资金的运用受国家约束较大。

（2）吸收法人投资。法人投资是指法人单位以其依法可以支配的资产投入企业，由此形成法人资本金，目前主要指法人单位在进行横向经济联合时所产生的联营、合资等投资。

吸收法人投资一般具有如下特点：投资发生在法人单位之间；投资以参与企业利润分配为目的；投资方式灵活多样。

（3）吸收社会公众投资是指社会个人或本企业内部职工以个人合法财产投入企业，由此形成个人资本金。

吸收个人投资一般具有以下特点：参加投资的人员较多；每人投资的数额相对较少；以参与企业利润分配为目的。

（4）随着我国改革开放的不断前进，吸收外商投资已成为企业筹集资金的重要方式。外商投资是指外国投资者以及我国香港、澳门、台湾地区投资者投入的资金，由此形成外商资本金。

吸收外商投资一般具有以下特点：一般只有中外合资、合作或外商独资经营企业才能采用；可以筹集外汇资金；出资方式比较灵活。

2. 吸收直接投资筹资方式的出资方式

企业在采用吸收直接投资方式筹资时，投资者可以用现金、厂房、机器设备、材料物质、无形资产等作价出资。出资方式主要有以下四种。

（1）以现金出资。以现金出资是吸收投资中一种最主要的出资方式。有了现金，便可获取其他物质资源。因此企业应尽量动员投资者采用现金方式出资。吸收投资中所需投入现金的数额，取决于投入的实物、工业产权之外尚需多少资金来满足建厂的开支和日常周转需要。

（2）以实物出资。以实物出资就是投资者以厂房、建筑物、设备等固定资产和原材料、商品等流动资产所进行的投资。

一般来说，企业吸收的实物应符合如下条件：一是确为企业科研、生产、经营所需；二是技术性能比较好；三是作价公平合理。实物出资所涉及的实物作价方法应按国家的有关规定执行。

（3）以工业产权出资。以工业产权出资是指投资者以专有技术、商标权、专利权等无形资产所进行的投资。

一般来说，企业吸收的工业产权应符合以下条件：一是能帮助研究和开发出新的高科技产品；二是能帮助生产出适销对路的高科技产品；三是能帮助改进产品质量，提高生产效率；四是能帮助大幅度降低各种消耗；五是作价比较合理。

企业在吸收工业产权投资时应特别谨慎，认真进行技术时效性分析和财务可行性研究。因为以工业产权投资实际上是把有关技术资本化了，把技术的价值固定化了。而技术具有时效性，因其不断老化而导致价值不断减少甚至完全丧失，风险较大。

（4）以土地使用权出资。投资者也可以用土地使用权来进行投资。土地使用权是按有关法规和合同的规定使用土地的权利。

企业吸收土地使用权投资应符合以下条件：一是企业科研、生产、销售活动所需要的；二是交通、地理条件比较适宜；三是作价公平合理。

3. 吸收直接投资筹资方式的优缺点

（1）吸收直接投资的优点：①有利于增强企业信誉。吸收直接投资所筹集的资金属于自有资金，能增强企业的信誉和借款能力，对扩大企业经营规模、壮大企业实力具有重要作用。②有利于尽快形成生产能力。吸收直接投资可以直接获取投资者的先进设备和先进技术，有利于尽快形成生产能力，尽快开拓市场。③有利于降低财务风险。

吸收直接投资可以根据企业的经营状况向投资者支付报酬，企业经营状况好，可向投资者多支付一些报酬，企业经营状况不好，则可不向投资者支付报酬或少支付报酬，报酬支付较为灵活，所以财务风险较小。

（2）吸收直接投资的缺点：①资金成本较高。一般而言，采用吸收直接投资方式筹集资金所需负担的资金成本较高，特别是企业经营状况较好和盈利较多时，更是如此。因为向投资者支付的报酬是根据其出资的数额和企业实现利润的比率来计算的。②容易分散企业控制权。采用吸收直接投资方式筹集资金，投资者一般都要求获得与投资数量相适应的经营管理权，这是企业接受外来投资的代价之一。如果外部投资者的投资较多，则投资者会有相当大的管理权，甚至会对企业实行完全控制，这是吸收直接投资的不利因素。

（二）发行普通股票筹资方式

1. 股票的不同分类

（1）按股东权利和义务不同的分类。按股东权利和义务的不同，可分为普通股票和优先股票。普通股票简称"普通股"，是股份公司依法发行的具有平等的权利、义务、股利不固定的股票。普通股具备股票的最一般特征，是股份公司资本的最基本部分。优先股票简称"优先股"，是股份公司发行的、相对于普通股具有一定优先权的股票。这种优先权主要体现在股利分配和分取剩余财产权利上。从法律上讲，企业对优先股不承担法定的还本义务，是企业自有资金的一部分。

（2）按股票票面是否记名的分类。按股票票面是否记名，可分为记名股票和无记名股票。记名股票是指在股票上载有股东姓名或名称并将其记入公司股东名册的股票。记名股票要同时附有股权手册，只有同时具备股票和股权手册，才能领取股息和红利。记名股票的转让、继承都要办理过户手续。无记名股票是指在股票上不记载股东姓名或名称，也不将股东姓名或名称记入公司股东名册的股票。凡持有无记名股票者，都可以成为公司股东。无记名股票的转让、继承无须办理过户手续，只要将股票交给受让人，就可发生转让效力，移交股票。

我国《公司法》规定：公司向发起人、国家授权投资的机构和法人发行的股票，应当为记名股票；向社会公众发行的股票，可以为记名股票，也可以为无记名股票。

（3）按发行对象和上市地区的分类。按发行对象和上市地区，可分为 A 股、B 股、H 股和 N 股等。在我国内地上市交易的股票主要有 A 股和 B 股。A 股是以人民币标明票面金额并以人民币认购和交易的股票，B 股是以人民币标明票面金额，以外币认购和交易的股票。另外，还有 H 股和 N 股，H 股为在香港上市的股票，N 股为在纽约上市的股票。

2. 普通股股东具有的权利

普通股股票的持有人称为普通股股东，普通股股东一般具有以下五种权利。

（1）公司管理权。普通股股东的管理权主要体现为在董事会选举中有选举权和被选举权，通过选出的董事会代表所有股东对企业进行控制和管理。具体来说，普通股股东的管理权主要包括投票权、查账权、阻止越权经营的权利。

（2）分享盈余权。分享盈余权，即普通股股东经董事会决定后有从净利润中分得股息和红利的权利。

（3）优先认股权。优先认股权，即普通股股东拥有优先于其他投资者购买公司增发新股票的权利。

（4）出让股份权。出让股份权，即股东有权出售或转让股票。

（5）剩余财产要求权。剩余资产要求权，即当公司解散、清算时，普通股股东对剩余财产有要求权。但是，公司破产清算时，财产的变价收入，首先要用来清偿债务，然后支付优先股股东，最后才能分配给普通股股东。

3. 股票的发行与上市

我国股份公司发行股票必须符合《证券法》和《上市公司证券发行管理办法》规定的发行条件。股票的发行方式有公募发行和私募发行，公募发行有自销方式和承销方式，承销方式具体分为包销和代销。

股票上市是指股份有限公司发行的股票经批准在证券交易所挂牌交易。

（1）股票上市的有利影响：①有助于改善财务状况。公司公开发行股票可以筹得自有资金，能迅速改善公司的财务状况，并有条件得到利率更低的贷款。同时，公司一旦上市，就可以有更多的机会从证券市场上筹集资金。②利用股票收购其他公司。一些公司常用出让股票而不是付现金的方式对其他企业进行收购。被收购企业也乐意接受上市公司的股票。因为上市的股票具有良好的流通性，持股人可以很容易将股票出手而得到资金。③利用股票市场客观评价。对于已上市的公司来说，每时每日的股票行情，都是对公司客观的市场估计。④利用股票激励职员。上市公司利用股票作为激励关键人员的有效手段。公开的股票市场提供了股票的准确价值，也可使职员的股票得以兑现。⑤提高公司知名度，吸引更多顾客。股票上市公司为社会所知，并被认为经营优良，这会给公司带来良好的声誉，从而吸引更多的顾客，扩大公司的销售。

（2）股票上市的不利影响：①使公司失去隐私权。一家公司转为上市公司，其最大的变化是公司隐私权消失。国家证券管理机构要求上市公司将关键的经营情况向社会公众公开。②限制经理人员操作的自由度。公司上市后，其所有重要决策都需要经董事会讨论通过，有些对公司至关重要的决策则要全体股东投票决定。股东们通常以公司盈利、分红、股价等来判断经理人员的业绩，这些压力往往使得公司经理人员只注重短期效益而忽略长期效益。③上市成本高。公开上市需要很高的费用，这些费用包括资产评估费、股票承销佣金、律师费、注册会计师费、材料印刷费、登记费等。这些费用的具体数额取决于每一个企业的具体情况、整个上市过程的难易程度和上市筹资的数额等因素。公司上市后还需花费一些费用为证券交易所、股东等提供资料，聘请注册会计师、律师等。

4. 普通股筹资方式的优缺点

（1）普通股筹资的优点：①没有固定的利息负担。公司有盈余，并认为适合分配股利时，就可以分配股利；公司盈余较少，或虽有盈余但资金短缺或有更有利的投资机会时，就可少支付或不支付股利。②没有固定的到期日，无须偿还。利用普通股筹集的是永久性的资金，只有公司清算才需要偿还。它对保证企业最低的资金需求有重要意义。③筹资风险小。由于普通股没有固定到期日，不用支付固定的股利，此种筹资实际上不存在不能偿付的风险，因此，筹资风险小。④能增强公司的信誉。普通股本与留存收益构成公司偿还债务的基本保障，因而，普通股筹资既可以提高公司的信用价值，同时也为使用更多的债务资金提供了强有力的支持。⑤筹资限制少。利用优先股或债券筹资，通常有许多限制，这些限制往往会影响公司经营的灵活性，而利用普通股筹资则没有这种限制。

（2）普通股筹资的缺点：①资金成本较高。一般来说，普通股筹资的成本要大于债务资金。这主要是因为股利要从净利润中支付，而债务资金的利息可在税前扣除。另外，普通股的发行费用也比较高。②容易分散企业控制权。利用普通股筹资，出售了新的股票，引进了新的股东，容易导致公司控制权的分散。

（三）企业内部筹资方式

1. 企业内部筹资渠道

企业内部筹资来源渠道有以下两个方面。

（1）盈余公积。盈余公积是指有指定用途的留存净利润，它是公司按照《公司法》规定从净利润中提取的积累资金，包括法定盈余公积金和任意盈余公积金。

（2）未分配利润。未分配利润是指未限定用途的留存净利润。这里有两层含义：一是这部分净利润没有分给公司的股东；二是这部分净利润未指定用途。

2. 企业内部筹资优缺点

（1）企业内部筹资的优点：①资金成本较普通股低。用留存收益筹资，不用考虑筹资费用，资金成本较普通股低。②保持普通股股东的控制权。用留存收益筹资，不用对外发行股票，由此增加的权益资本不会改变企业的股权结构，不会稀释原有股东的控制权。③增强公司的信誉。留存收益筹资能够使企业保持较大的可支配的现金流，既可解决公司经营发展的资金需要，又能提供企业举债的能力。

（2）企业内部筹资的缺点：①筹资数额有限制。留存收益筹资最大可能的数额是企业当期的税后利润和上年未分配利润之和。如果企业经营亏损，则不存在这一渠道的资金来源。此外，留存收益的比例常常受某些股东的限制。他们可能从消费需求、风险偏好等因素出发，要求股利支付比率要维持在一定水平上。留存收益过多，股利支付过少，可能会影响到今后的外部筹资。②资金使用受制约。留存收益中某些项目的使用，如法定盈余公积金等，要受国家有关规定的制约。

二、现代企业负债筹资

负债筹资的主要方式有短期借款、商业信用、短期筹资券、应收账款转让、长期借款、发行债券和筹资租赁。其中，前四种属于短期负债筹资，后三种属于长期负债筹资。

（一）短期借款筹资方式

短期借款是指企业向银行和其他非银行金融机构借入的期限在一年以内的借款。

（1）短期借款的种类。短期借款主要有生产周转借款、临时借款、结算借款等。按照国际通行做法，短期借款还可依偿还方式的不同，分为一次性偿还借款和分期偿还借款；依利息支付方法的不同，分为收款法借款、贴现法借款和加息法借款；依有无担保，分为抵押借款和信用借款。

（2）短期借款的信用条件。按照国际惯例，银行发行短期贷款时，常涉及以下信用条件：①信贷额度。信贷额度即贷款限额，是借款人与银行在协议中规定的允许借款人借款的最高限额。②周转信贷协定。周转信贷协定是银行从法律上承诺向企业提供不超过某一最高限额的贷款协定。在协定的有效期内，只要企业借款总额未超过最高限额，银行必须满足企业任何时候提出的借款要求。企业享有周转协定，通常要对贷款限额的未使用部分付给银行一笔承诺费。③补偿性余额。它是银行要求借款人在银行中保持按贷款限额或实际借款额的一定百分比计算的最低存款余额。补偿性余额的要求提高了借款的实际利率。补偿性余额有助于银行降低贷款风险，补偿其可能遭受的损失。但对借款企业来说，补偿性余额则提高了借款的实际利率，加重了企业的利息负担。④借款抵押。银行向财务风险较大、信誉不好的企业发放贷款，往往需要有抵押品担保，以减少自己蒙受损失的风险。借款的抵押品通常是借款企业的办公楼、厂房等。⑤偿还条件。无论何种借款，银行一般都会规定还款的期限。根据我国金融制度的规定，贷款到期后仍无能力偿还的，视为逾期贷款，银行要照章加收逾期罚息。⑥以时间交易为贷款条件。当企业发生经营性临时资金需求，向银行申请贷款以求解决时，银行则以企业将要进行的实际交易为贷款基础，单独立项，单独审批，最后做出决定并确定贷款的相应条件和信用保证。

（3）借款利息的支付方式：①利随本清法。利随本清法，又称"收款法"，是在借款到期时向银行支付利息的方法。采用这种方法，借款的名义利率等于实际利率。②贴现法。贴现法是银行向企业发放贷款时，先从本金中扣除利息部分，在贷款到期时借款企业再偿还全部本金的一种计息方法。

（4）短期借款筹资的优缺点。

①短期借款筹资的优点：1）筹资速度快。企业获得短期借款所需时间要比长期借款短得多，因为银行发放长期贷款前，通常要对企业进行比较全面的调查分析，花费时间较长。2）筹资弹性大。短期借款数额及借款时间弹性较大，企业可在需要资金时借入，在资金充裕时还款，便于企业灵活安排。

②短期借款筹资的缺点。1）筹资风险大。短期借款的偿还期短，在筹资数额较大的情况下，如企业资金调度不周，就有可能出现无力按期偿付本金和利息，甚至被迫破产。2）与其他短期筹资方式相比，资金成本较高，尤其是在补偿性余额和附加利率情况下，实际利率常高于名义利率。

（二）商业信用筹资方式

（1）商业信用的条件。商业信用的条件是指销货人对付款时间和现金折扣所做的具体规定。主要有以下几种形式：预收货款；延期付款，但不涉及现金折扣；延期付款，但早付款可享受现金折扣。

第一，预收货款。这是企业在销售商品时，要求买方在卖方发出货物之前支付货款的情形。一般用于以下两种情况：一是企业已知买方的信用欠佳；二是销售生产周期长、售价高的产品。在这种信用条件下，销货单位可以得到暂时的资金来源，购货单位则要预先垫支一笔资金。

第二，延期付款，但不涉及现金折扣。这是指企业购买商品时，卖方允许企业在交易发生后的一定时期内按发票金额支付货款的情形。

这种条件下的信用期间一般为30~60天，但有些季节性的生产企业可能为其顾客提供更长的信用期间。在这种情况下，买卖双方存在商业信用，买方可因延期付款而取得资金来源。

第三，延期付款，但早付款可享受现金折扣。在这种条件下，买方若提前付款，卖方可给予一定的现金折扣，如买方不享受现金折扣，则必须在一定时期内付清账款。如"2/10，n/30"便属于此种信用条件。应用现金折扣的目的主要是为了加速账款的收回。现金折扣一般为发票金额的1%~5%。在这种条件下，双方存在信用交易。买方若在折扣期内付款，则获得短期的资金来源，并能得到现金折扣；若放弃现金折扣，则可在稍长时间内占用卖方的资金。

（2）现金折扣成本的计算。在采用商业信用形式销售商品时，为鼓励购买单位尽早付款，销货单位往往都规定一些信用条件，这主要包括现金折扣和付款期间两部分内容。如果销货单位提供现金折扣，购买单位应尽量争取获得此项折扣，因为丧失现金折扣的机会成本很高。

（三）短期筹资券筹资方式

1. 短期筹资券的含义及特征

短期筹资券又称"商业票据"或"短期债券"，是由企业发行的无担保短期本票。在我国，短期筹资券是指企业依照《短期筹资券管理办法》的条件和程序在银行间债券市场发行和交易并约定在一定期限内还本付息的有价证券，是企业筹措短期（一年以内）资金的直接筹资方式。

我国短期筹资券具有以下特征：①发行人为非金融企业；②它是一种短期债券品种，期限不超过 365 天；③发行利率（价格）由发行人和承销商协商确定；④发行对象为银行间债券市场的机构投资者，不向社会公众发行；⑤实行余额管理，待偿还金融券余额不超过企业净资产的 40%；⑥可以在全国银行间债券市场机构投资人之间流通转让。

2. 短期筹资券的发行

（1）短期筹资券的发行条件。一般来讲，只有实力雄厚、资信程度很高的大企业才有资格发行短期筹资券。在我国，短期筹资券的发行必须符合《短期筹资券管理办法》中规定的发行条件。

（2）短期筹资券的发行程序：①公司做出发行短期筹资券的决策；②办理发行短期筹资券的信用评级；③向有关审批机构提出发行申请；④审批机关对企业提出的申请进行审查和批准；⑤正式发行短期筹资券，取得资金。

3. 短期筹资券的优缺点

（1）短期筹资券的优点：①筹资成本较低。在西方，短期筹资券的利率加上发行成本，通常要低于银行的同期贷款利率。但在我国，目前由于短期筹资券市场刚刚建立，还不完善，因而有时会出现短期筹资券的利率高于银行借款利率的情况。②筹资数额比较大。一般而言，银行不会向企业发放巨额的短期借款，因此银行短期借款常常面临着数额的限制，而发行短期筹资券的数额往往较大，可以筹集更多的资金。③提高企业信誉和知名度。由于能在货币市场上发行短期筹资券的都是著名的大公司，因而一个公司如果能发行自己的短期筹资券，说明该公司有较好的信誉；同时随着短期筹资券的发行，公司的威望和知名度也大大提高。

（2）短期筹资券的缺点：①筹资风险比较大。短期筹资券到期必须归还，一般不会有延期的可能。如果到期不归还，会对企业的信誉产生较严重的后果，因此风险较大。②发行短期筹资券的弹性比较小。只有当企业的资金需求达到一定数量时才能使用短期筹资券，如果数量较小，则会加大单位资金的筹资成本。另外短期筹资券一般不能提前偿还，即使企业资金比较充裕，也要到期才能还款。③发行短期筹资券的条件比较严格。并不是任何企业都能发行短期筹资券，必须是信誉好、实力强、效益高的企业才能使用，而一些小企业或信誉不够好的企业则不可能利用短期筹资券来筹集资金。

（四）应收账款转让筹资方式

1. 应收账款转让的含义及种类

应收账款转让是指企业将应收账款出让给银行等金融机构以获取资金的一种筹资方式。应收账款转让筹资数额一般为应收账款扣减以下项目后的余额：一是允许客户在付款时扣除的现金折扣；二是贷款机构扣除的准备金、利息费和手续费。其中准备金是指因在应收账款收回过程中可能发生销货退回和折让等而保留的扣存款。

应收账款转让按是否具有追索权可分为附加追索权的应收账款转让和不附加追索权的应收账款转让。

其中，附加追索权的应收账款转让是指企业将应收账款转让给银行等金融机构，在有关应收账款到期无法从债务人处收回时，银行等金融机构有权向转让应收账款的企业追偿，或按照协议规定，企业有义务按照约定从金融机构回购部分应收账款，应收账款的坏账风险由企业承担；不附加追索权的应收账款转让是指企业将应收账款转让给银行等金融机构，在有关应收账款到期无法从债务人处收回时，银行等金融机构不能向转让应收账款的企业追偿，应收账款的坏账风险由银行承担。

2. 应收账款转让筹资的优缺点

（1）应收账款转让筹资的优点：①及时回笼资金，避免企业因赊销造成的现金流量不足。通过应收账款转让筹资，企业可以及时地收回销售商品和提供劳务的资金，增加现金流，缓解因应收账款带来的资金紧张程度，从而避免企业因赊销造成的现金流量不足的问题。②节省收账成本，降低坏账损失风险，有利于改善企业的财务状况、提高资产的流动性。应收账款转让时，银行等金融机构均要掌握购货方的资信情况，而银行等金融机构只对有相当资信度的应收账款提供资金。所以，应收账款转让在一定程度上保证了账款的安全，防止了坏账的发生。

（2）应收账款转让筹资的缺点：①限制条件较多。应收账款转让时，贷款机构对转让的应收账款和转让应收账款的公司都有一定的条件限制，不符合条件的，不接受转让。②筹资成本较高。应收账款转让筹资的手续费和利息都很高，从而增加了企业的筹资成本。

（五）长期借款筹资方式

我国目前各金融机构的长期借款种类主要有以下几种。

（1）按照用途，分为基本建设贷款、更新改造贷款、科技开发贷款和新产品试制贷款等；

（2）按有无担保，分为信用贷款和抵押贷款。

1. 长期借款筹资方式的程序

企业向金融机构借款，通常要经过以下步骤。

（1）企业提出申请。企业申请借款必须符合贷款原则和条件，填写包括借款金额、借款用途、偿还能力以及还款方式等主要内容的《借款申请书》，并提供以下资料：一是借款人及保证人的基本情况；二是财政部门或会计师事务所核准的上年度财务报告；三是原有的不合理借款的纠正情况；四是抵押物清单及同意抵押的证明，保证人拟同意保证的有关证明文件；五是项目建议书和可行性报告；六是贷款银行认为需要提交的其他资料。

（2）金融机构进行审批。银行接到企业的申请后，要对企业的申请进行审查，以决定是否对企业提供贷款。这一般包括以下几个方面：一是对借款人的信用等级进行评估；二是进行相关调查，贷款人受理借款人的申请后，应当对借款人的信用及借款的合法性、安全性和盈利性等情况进行调查，核实抵押、保证人情况，测定贷款的风险；三是贷款审批。

（3）签订借款合同。借款合同是规定借贷各方权利和义务的契约，其内容分基本条款和限制条款，限制条款又有一般性限制条款、例行性限制条款和特殊性限制条款之分。

基本条款是借款合同必须具备的条款。限制条款是为了降低贷款机构的贷款风险而对借款企业提出的限制条件，它不是借款合同的必备条款。限制条款中，一般性限制条款最为常见，例行性限制条款次之，特殊性限制条款比较少见。借款合同的基本条款包括：借款种类、借款用途、借款金额、借款利率、借款期限，还款资金来源及还款方式、保证条款、违约责任等。

借款合同的一般性限制条款通常包括：对企业流动资金保持量的规定，对企业支付现金股利的限制，对企业资本性支出规模的限制，对企业借入其他长期债务的限制。

借款合同的例行性限制条款一般包括：企业定期向贷款机构报送财务报表，企业不准在正常情况下出售大量资产，企业要及时偿付到期债务，禁止企业贴现应收票据或转让应收账款，禁止以资产做其他承诺的担保或抵押等。

借款合同的特殊性限制条款一般包括：贷款专款专用，要求企业主要领导购买人身保险，要求企业主要领导在合同有效期内担任领导职务等。

（4）企业取得借款。双方签订借款合同后，贷款银行按合同的规定按期发放贷款，企业便可取得相应的资金。

贷款人不按合同约定按期发放贷款的，应偿付违约金。借款人不按合同的约定用款的，也应偿付违约金。

（5）企业偿还借款。企业应按借款合同的规定按时足额归还借款本息。如果企业不能按期归还借款，应在借款到期之前，向银行申请贷款展期，但是否展期，由贷款银行根据具体情况决定。

2. 长期借款筹资方式的优缺点

（1）长期借款筹资的优点：①筹资速度快。发行各种证券筹集长期资金所需时间一般较长。证券发行的准备工作以及证券的发行都需要一定时间。而向银行借款与发行证券相比，一般所需时间较短，可以迅速地获取资金。②借款弹性大。企业与银行可以直接接触，可通过直接商谈来确定借款的时间、数量和利息。在借款期间，如果企业情况发生了变化，也可与银行进行协商，修改借款的数量和条件。借款到期后，如有正当理由，还可延期归还。③借款成本较低。就目前我国情况来看，利用银行借款所支付的利息比发行债券所支付的利息低。另外，也无须支付大量的发行费用。④可以发挥财务杠杆的作用。不论企业赚钱多少，银行只按借款合同收取利息，在投资利润率大于借款利率的情况下，企业所有者将会因财务杠杆的作用而得到更多的收益。

（2）长期借款筹资的缺点：①筹资风险较高。企业举借长期借款，必须定期还本付息，在经营不利的情况下，可能会产生不能偿付的风险，甚至会导致破产。②限制条件较多。企业与银行签订的借款合同中，一般都有一些限制条款，如定期报送有关报表、不准改变借款用途等，这些条款可能会限制企业的经营活动。③筹资数量有限。银行一般不愿借出巨额的长期借款。因此，利用银行借款筹资都有一定的上限。

（六）发行债券筹资方式

债券按不同的标准进行分类，主要的分类方式如下。

（1）按债券是否记名分类。按债券是否记名，可分为记名债券和不记名债券。记名债券，是指在券面上注明债权人姓名或名称，同时在发行公司的债务人名册上进行登记的债券。无记名债券，是指债券票面未注明债权人姓名或名称，也不用在债权人名册上登记债权人姓名或名称的债券。

（2）按债券能否转换为公司股票分类。按债券能否转换为公司股票，可分为可转换债券和不可转换债券。可转换债券，是指在一定时期内，可以按规定的价格或一定比例，由持有人自由地选择转换为普通股的债券。不可转换债券，是指不可以转换为普通股的债券。

（3）按有无特定的财产担保分类。按有无特定的财产担保，可分为信用债券和抵押债券。信用债券，是指仅凭债券发行者的信用发行的、没有抵押品作抵押或担保人作抵押的债券。抵押债券，是指以一定抵押品作抵押而发行的债券。抵押债券按抵押物品的不同，又可分为不动产抵押债券、设备抵押债券和证券信托债券。

1. 债券筹资方式的发行与还本付息

（1）债券的发行条件。我国发行公司债券，必须符合《公司法》《证券法》规定的有关条件。

（2）债券的发行程序。债券发行的基本程序如下：一是做出发行债券的决议；二是提出发行债券的申请；三是公告债券募集方法；四是委托证券机构发售；五是交付债券，收缴债券款，登记债券存根簿。

（3）债券的还本付息。

①债券的偿还。债券偿还时间按其实际发生与规定的到期日之间的关系，分为到期偿还、提前偿还与滞后偿还三类：a. 到期偿还。到期偿还，是指当债券到期后还清债券所载明的义务，又包括分批偿还和一次偿还两种。b. 提前偿还。又称提前赎回或收回，是指在债券尚未到期之前就予以偿还。只有在企业发行债券的契约中明确规定了有关允许提前偿还的条款，企业才可以进行此项操作。提前偿还所支付的价格通常要高于债券的面值，并随到期日的临近而逐渐下降。具有提前偿还条款的债券可使企业筹资有较大的弹性。当企业资金有结余时，可提前赎回债券；当预测利率下降时，也可提前赎回债券，而后以较低的利率来发行新债券。c. 滞后偿还。债券在到期日之后偿还叫滞后偿还。这种偿还条款一般在发行时便订立，主要是给予持有人以延长持有债券的选择权。滞后偿还有转期和转换两种形式。

赎回有三种形式，即强制性赎回、选择性赎回和通知赎回。强制性赎回，是指要保证公司拥有一定的现款来减少其固定负债，从而在减少利息支付时，能够提前还债。强制性赎回有偿债基金和赎债基金两种形式。

偿债基金主要是为分期偿还未到期债券而设。它要求发行人在债券到期前陆续偿还债务，因而缩短了债务的有效期限，同时分散了还本付息的压力，这样，在某种程度上减少了违约的风险。但另一方面，在市场看好时（如市场价格高于面值），强制性赎回使投资人遭受损失，举债公司要给予补偿，通常的办法是提高赎回价格。赎债基金同样是举债人为提前偿还债券设立的基金，与偿还基金不同的是，赎债基金是债券持有人强制举债公司收回债券。赎债基金只能从二级市场上购回自己的债券，其主要任务是支持自己的债券在二级市场上的价格。

选择性赎回，是指举债公司有选择债券到期前赎回全部或部分债权的权利。选择性赎回的利息率略高于其他同类债券。

通知赎回，是指举债公司在到期日前准备赎回债券时，要提前一段时间向债券持有人发出赎债通知，告知赎回债券的日期和条件。债券持有人有权将债券在通知赎回日期之前售回举债公司，债券持有人的这种权利称为提前售回优先权。通知赎回中，债券持有人还有一种提前售回选择权，指债券持有人有权选择在债券到期前某一个或某几个指定日期，按指定价格把债券售回举债公司，这和选择性赎回的选择主体正好相反。

转期，指将较早到期的债券换成到期日较晚的债券，实际上是将债券的期限延长。常有两种方法：一是直接以新债券兑换旧债券；二是用发行新债券得到的资金来赎回旧债券。转换，通常指股份有限公司发行的债券可以按一定的条件转换成本公司的股票。

②债券的付息。债券的付息主要表现在利息率的确定、付息频率和付息方式三个方面。利息率的确定有固定利率和浮动利率两种形式。债券付息频率主要有按年付息、按半年付息、按季付息、按月付息和一次性付息（利随本清、贴现发行）五种。付息方式有两种：一种是采取现金、支票或汇款的方式；另一种是息票债券的方式。

2. 债券筹资方式的优缺点

（1）债券筹资的优点：①资金成本低。利用债券筹资的成本要比股票筹资的成本低。这主要是因为债券的发行费用较低，债券利息在税前支付，部分利息由政府负担。②保证控制权。债券持有人无权干涉企业的管理事务，如果现有股东担心控制权被稀释，则可采用债券筹资。③可以发挥财务杠杆作用。债券利息负担固定，在企业投资效益良好的情况下，更多的收益可用于分配给股东，增加财富，或留归企业以扩大经营。

（2）债券筹资的缺点：①筹资风险高。债券有固定的到期日，并定期支付利息。利用债券筹资，要承担还本、付息的义务。在企业经营不景气时，向债券持有人还本、付息，会给企业带来更大的困难，甚至导致企业破产。②限制条件多。发行债券的契约书中往往有一些限制条款。这种限制比短期债务严格得多，可能会影响企业的正常发挥和以后的筹资能力。③筹资额有限。利用债券筹资有一定的限度，当公司的负债比率超过一定程度后，债券筹资的成本要迅速上升，有时甚至会发行不出去。

（七）筹资租赁筹资方式

筹资租赁包括售后租回、直接租赁和杠杆租赁三种形式。

（1）售后租回。即根据协议，企业将某资产卖给出租人，再将其租回使用。

（2）直接租赁。即承租人直接向出租人租入所需要的资产，并付出租金。

（3）杠杆租赁。杠杆租赁涉及承租人、出租人和资金出借者三方当事人。从承租人的角度来看，这种租赁与其他租赁形式并无区别，同样是按合同的规定，在基本租赁期内定期支付定额租金，取得资产的使用权。

但对出租人却不同，出租人只出购买资产所需的部分资金作为自己的投资；另外以该资产作为担保向资金出借者借入其余资金。因此，它既是出租人又是贷款人，同时拥有对资产的所有权，既收取租金又要偿付债务。如果出租人不能按期偿还借款，资产的所有权就要转归资金的出借者。

1. 筹资租赁筹资方式的程序

（1）选择租赁公司。

（2）办理租赁委托。

（3）签订购货协议。

（4）签订租赁合同。

（5）办理验货与投保。

（6）支付租金。

（7）处理租赁期满的设备。

2. 筹资租赁筹资方式租金的支付

（1）筹资租赁租金的构成。筹资租赁租金包括设备价款和租息两部分，租息又可分为租赁公司的筹资成本、租赁手续费等。

（2）筹资租赁租金的支付形式。租金通常采用分次支付的方式，具体类型有：①按支付间隔期的长短，可以分为年付、半年付、季付和月付等方式；②按支付时期先后，可以分为先付租金和后付租金两种；③按每期支付金额，可以分为等额支付和不等额支付两种。

3. 筹资租赁筹资方式优缺点

（1）筹资租赁优点：①筹资速度快。租赁往往比借款购置设备更迅速、更灵活，因为租赁是筹资与设备购置同时进行，可以缩短设备的购进、安装时间，使企业尽快形成生产能力，有利于企业尽快占领市场，打开销路。②限制条件少。如前所述，债券和长期借款都定有相当多的限制条款，虽然类似的限制在租赁公司中也有，但一般比较少。③设备淘汰风险小。当今，科学技术迅速发展，固定资产更新周期日趋缩短。企业设备陈旧过时的风险很大，利用租赁筹资可减少这一风险。这是因为筹资租赁的期限一般为资产使用年限的一定比例，不会像自己购买设备那样整个期限都要承担风险，且多数租赁协议都规定由出租人承担设备陈旧过时的风险。④财务风险小。租金在整个租期内分摊，不用到期归还大量本金。许多借款都在到期日一次偿还本金，这会给财务基础较弱的公司造成相当大的困难，有时会造成不能偿付的风险。⑤税收负担轻。租金可在税前扣除，具有抵免所得税的效用。

（2）筹资租赁缺点：筹资租赁最主要缺点就是资金成本较高。一般来说，其租金要比举借银行借款或发行债券所负担的利息高得多。在企业财务困难时，固定的租金也会构成一项较沉重的负担。

三、企业其他筹资方式

衍生工具筹资主要包括兼具股权与债务特性的混合融资和其他衍生工具融资。我国上市公司目前最常见的主要有可转换债券、认股权证。

（一）可转换债券筹资方式

可转换债券是一种混合型证券，是公司普通债券与证券期权的组合体。可转换债券的持有人在一定期限内，可以按照事先规定的价格或者转换比例，自由地选择是否转换为公司普通股。

按照转股权是否与可转换债券分离，可转换债券可以分为两类：一类是一般可转换债券，其转股权与债券不可分离，持有者直接按照债券面额和约定的转股价格，在约定的期限内将债券转换为股票；一类是可分离就交易的可转换债券，这类债券在发行时附有认股权证，是认股权证和公司债券的组合，又被称为"可分离的附认股权证的公司债"，发行上市后公司债券和认股权证各自独立流通、交易。认股权证的持有者认购股票时，需要按照认购价（行权价）出资购买股票。

1. 可转换债券筹资方式的性质

（1）证券期权性。可转换债券给予了债券持有者未来的选择权，在事先约定的期限内，投资者可以选择将债券转换为普通股票，也可以放弃转换权利，持有至债券到期还本付息。

由于可转换债券持有人具有在未来按一定的价格购买股票的权利，因此可转换债券实质上是一种未来的买入期权。

（2）资本转换性。可转换债券在正常持有期，属于债权性质；转换成股票后，属于股权性质。在债券的转换期间中，持有人没有将其转换为股票，发行企业到期必须无条件地支付本金和利息。

转换成股票后，债券持有人成为企业的股权投资者。资本双重性的转换，取决于投资者是否行权。

（3）赎回与回售。可转换债券一般都会有赎回条款，发债公司在可转换债券转换前，可以按一定条件赎回债券。通常，公司股票价格在一段时期内连续高于转股价格到某一幅度时，公司会按事先约定的价格买回未转股的可转换公司债券。同样，可转换债券一般也会有回售条款，公司股票价格在一段时期内连续低于转股价格到某一幅度时，债券持有人可按事先约定的价格将所持债券回卖给发行公司。

2. 可转换债券筹资方式的要素

可转换债券的基本要素是指构成可转换债券基本特征的必要因素，它们代表了可转换债券与一般债券的区别。

（1）标的股票。可转换债券转换期权的标的物，就是可转换成的公司股票。标的股票一般是发行公司自己的普通股票，不过也可以是其他公司的股票，如该公司的上市子公司的股票。

（2）票面利率。可转换债券的票面利率一般会低于普通债券的票面利率，有时甚至还低于同期银行存款利率。因为可转换债券的投资收益中，除了债券的利息收益外，还附加了股票买入期权的收益部分。一个设计合理的可转换债券在大多数情况下，其股票买入期权的收益是以弥补债券利息收益的差额。

（3）转换价格。转换价格是指可转换债券在转换期间内据以转换为普通股的折算价格，即将可转换债券转换为普通股的每股普通股的价格。我国《可转换公司债券管理暂行办法》规定，上市公司发行可转换公司债券，以发行前 1 个月股票的平均价格为基准，上浮一定幅度作为转股价格。

（4）转换比率。转换比率是指每一份可转换债券在既定的转换价格下能转换为普通股股票的数量。在债券面值和转换价格确定的前提下，转换比率为债券面值与转换价格之商。

（5）转换期。转换期指的是可转换债券持有人能够行使转换权的有效期限。可转换债券的转换期可以与债券的期限相同，也可以短于债券的期限。

转换期间的设定通常有四种情形：债券发行日至到期日；发行日至到期前；发行后某日至到期日；发行后某日至到期前。至于选择哪种，要看公司的资本使用状况、项目情况、投资者要求等。由于转换价格高于公司发债时股价，投资者一般不会在发行后立即行使转换权。

（6）赎回条款。赎回条款是指发债公司按事先约定的价格买回未转股债券的条件规定，赎回一般发生在公司股票价格在一段时期内连续高于转股价格达到某一幅度时。

赎回条款通常包括：不可赎回期间与赎回期；赎回价格（一般高于可转换债券的面值）；赎回条件（分为无条件赎回和有条件赎回）；等等。

发债公司在赎回债券之前，要向债券持有人发出赎回通知，要求他们在将债券转股与卖回给发债公司之间做出选择。一般情况下，投资者大多会将债券转换为普通股。可见，设置赎回条款最主要的功能是强制债券持有者积极行使转股权，因此又被称为加速条款。同时也能使发债公司避免在市场利率下降后，继续向债券持有人支付较高的债券利率所蒙受的损失。

（7）回售条款。回售条款是指债券持有人有权按照事前约定的价格将债券卖回给发债公司的条件规定。回售一般发生在公司股票价格在一段时期内连续低于转股价格达到某一幅度时。

回售对于投资者而言实际上是一种卖权，有利于降低投资者的持券风险。与赎回一样，回售条款也有回售时间、回售价格和回售条件等规定。

（8）强制性转换调整条款。强制性转换调整条款是指在某些条件具备之后，债券持有人必须将可转换债券转换为股票，无权要求偿还债权本金的规定。可转换债券发行之后，其股票价格可能出现巨大波动。如果股价长期表现不佳，又没有设计回售条款，投资者就不会转股。公司可设置强制性转换调整条款，保证可转换债券顺利地转换成股票，预防投资者到期集中挤兑引发公司破产的悲剧。

3. 可转换债券筹资方式的发行条件

（1）最近 3 年连续盈利，且最近 3 年净资产收益率平均在 10%以上；属于能源、原材料、基础设施类的公司可以略低，但是不得低于 7%。

（2）可转换债券发行后，公司资产负债率不高于 70%。

（3）累计债券余额不超过公司净资产额的 40%。

（4）上市公司发行可转换债券，还应当符合关于公开发行股票的条件。

发行分离交易的可转换公司债券，除符合公开发行证券的一般条件外，还应当符合的规定包括：公司最近一期末经审计的净资产不低于人民币 15 亿元；最近 3 个会计年度实现的年均可分配利润不少于公司债券 1 年的利息；最近 3 个会计年度经营活动产生的现金流量净额平均不少于公司债券 1 年的利息；本次发行后累计公司债券余额不超过最近一期末净资产额的 40%，预计所附认股权全部行权后募集的资金总量不超过拟发行公司债券金额等。分离交易的可转换公司债券募集说明书应当约定，上市公司改变公告的募集资金用途的，赋予债券持有人一次回售的权利。所附认股权证的行权价格应不低于公告募集说明书日前 20 个交易日公司股票均价和前 1 个交易日的均价；认股权证的存续期间不超过公司债券的期限，自发行结束之日起不少于 6 个月；募集说明书公告的权证存续期限不得调整；认股权证自发行结束至少已满 6 个月起方可行权，行权期间为存续期限届满前的一段期间，或者是存续期限内的特定交易日。

4. 可转换债券筹资方式的筹资特点

（1）筹资灵活性。可转换债券将传统的债务筹资功能和股票筹资功能结合起来，筹资性质和时间上具有灵活性。债券发行企业先以债务方式取得资金，到了债券转换期，如果股票市价较高，债券持有人将会年约定的价格转换为股票，避免了企业还本付息之负担。如果公司股票长期低迷，投资者不愿意将债券转换为股票，企业即时还本付息清偿债务，也能避免未来长期的股权资本成本负担。

（2）资本成本较低。可转换债券的利率低于同一条件下普通债券的利率，降低了公司的筹资成本。此外，在可转换债券转换为普通股时，公司无须另外支付筹资费用，又节约了股票的筹资成本。

（3）筹资效率高。可转换债券在发行时，规定的转换价格往往高于当时本公司的股票价格。如果这些债券将来都转换成了股权，这相当于在债券发行之际，就以高于当时股票市价的价格新发行了股票，以较少的股份代价筹集了更多的股权资金。因此，在公司发行新股时机不佳时，可以先发行可转换债券，以其将来变相发行普通股。

（4）存在不转换的财务压力。如果在转换期内公司股价处于恶化性的低位，持券者到期不会转股，会造成公司的集中兑付债券本金的财务压力。

（5）存在回售的财务压力。若可转换债券发行后，公司股价长期低迷，在设计有回售条款的情况下，投资者集中在一段时间内将债券回售给发行公司，加大了公司的财务支付压力。

（6）股价大幅度上扬风险。如果债券转换时公司股票价格大幅度上扬，公司只能以较低的固定转换价格换出股票，便会降低公司的股权筹资额。混合性资金是指既具有某些股权性资金特征又具有某些债权性资金特征的资金形式。企业常见的混合性资金包括可转换债券和认股权证。

（二）发行认股权证筹资方式

认股权证全称为"股票认购授权证"，是一种由上市公司发行的证明文件，持有人有权在一定时间内以约定价格认购该公司发行的一定数量的股票。广义的权证，是一种持有人有权于某一特定期间或到期日，按约定的价格，认购和认沽一定数量的标的资产的期权。按买卖的不同权利，权证可分为认购权证和认沽权证，又称为"看涨权证"和"看跌权证"。

1. 认股权证筹资方式的基本性质

（1）证券期权性。认股权证本质上是一种股票期权，属于衍生金融工具，具有实现融资和股票期权激励的双重功能。但认股权证本身是一种认购普通股的期权，它没有普通股的红利收入，也没有普通股相应的投票权。

（2）认股权证是一种投资工具。投资者可以通过购买认股权证获得市场价与认购价之间的股票差价收益，因此它是一种具有内在价值的投资工具。

2. 认股权证筹资方式的种类

（1）美式认股证与欧式认股证。美式认股证，指权证持有人在到期日前，可以随时提出履约要求，买进约定数量的标的股票。而欧式认股证，则是指权证持有人只能于到期日当天，才可买进标的股票。

无论股证属欧式或美式，投资者均可在到期日前在市场出售转让其持有的认股权证。事实上，只有小部分权证持有人会选择行权，大部分投资者均会在到期前卖出权证。

（2）长期认股权证与短期认股权证。短期认股权证的认股期限一般在90天以内。认股权证期限超过90天的，为长期认股权证。

3. 认股权证筹资的优缺点

（1）认股权证筹资的优点：①为公司筹集额外的资金。认股权证不论是单独发行还是附带发行，大多都为发行公司筹得一笔额外资金。②促进其他筹资方式的运用。单独发行的认股权证有利于将来发售股票，附带发行的认股权证可以促进其所依附证券的发行效率。而且由于认股权证具有价值，附认股权证的债券票面利率和优先股股利率通常较低。

（2）认股权证的缺点：①稀释普通股收益。当认股权证执行时，提供给投资者的股票是新发行的股票，而并非二级市场的股票。这样，当认股权证行使时，普通股股份增多，每股收益下降。②容易分散企业的控制权。由于认股权证通常随债券一起发售，以吸引投资者，当认股权证行使时，企业的股权结构会发生改变，稀释了原有股东的控制权。

第三节　现代企业筹资的资本结构

一、现代企业筹资资本成本和资本结构

企业从事生产经营活动必须要用资金，在市场经济条件下又不可能无偿使用资金，因此，企业除了必须节约使用资金外，还必须分析、把握各种来源的资金的使用代价。

资本成本又称"资金成本"，是企业为筹集和使用长期资金而付出的代价。资本成本包括资金筹集费和资金占用费两部分。

（1）资金筹集费。资金筹集费是指企业为筹集资金而付出的代价。如向银行支付的借款手续费，向证券承销商支付的发行股票、债券的发行费等。筹资费用通常是在筹措资金时一次支付的，在用资过程中不再发生，可视为筹资总额的一项扣除。

（2）资金占用费。资金占用费主要包括资金时间价值和投资者要考虑的投资风险报酬两部分，如向银行借款所支付的利息，发放股票的股利等。资金占用费与筹资金额的大小、资金占用时间的长短有直接联系。资本成本是在商品经济条件下，资金所有权与资金使用权分离的产物。资本成本是资金使用者对资金所有者转让资金使用权利的价值补偿，

有时也以以下思维方式考虑问题：投资者的期望报酬就是受资者的资本成本。

资本成本与资金时间价值既有联系，又有区别。联系在于两者考查的对象都是资金。区别在于资本成本既包括资金时间价值，又包括投资风险价值。

资本成本是企业选择筹资来源和方式，拟订筹资方案的依据，也是评价投资项目可行性的衡量标准。

资本成本可用绝对数表示，也可用相对数表示。资本成本用绝对数表示，即资本总成本，是筹资费用和用资费用之和。由于它不能反映用资多少，故较少使用。资本成本用相对数表示，即资本成本率，是资金占用费与筹资净额的比率，一般资本成本多指资本成本率。

企业以不同方式筹集的资金所付出的代价一般是不同的。企业总的资本成本是由各项个别资本成本及资金比重所决定的。因此，对资本成本的计算必须从个别资本成本开始。

（3）资本成本的作用，资本成本对于企业筹资及投资具有重要意义。

资本成本是比较筹资方式、选择追加筹资方案的依据。这表现在：①个别资本成本是比较各种筹资方式的重要标准。企业可根据不同的长期资金来源的资本成本的高低，从中选择成本较低的筹资方式。②综合资本成本是企业进行资本结构决策的基本依据。企业的长期资金往往构成多种方式的筹资组合，在选择最佳筹资组合并决定企业资本结构时，最低的综合资本成本将成为决策的基本依据。③边际资本成本是企业追加筹资时的依据。通过对边际资本成本的计算，从而确定追加筹资的具体操作方案。

资本成本是评价投资项目、比较投资方案和追加投资决策的主要经济标准。通常项目的投资报酬率只有大于其资本成本，才是经济合理的，否则投资项目就不可行。这表明，资本成本是项目投资的最低收益率，也是判断项目可行性的取舍标准。

资本成本还可作为评价企业经营成果的依据。资本成本作为投资者的收益，需要通过对资本使用者所获收益的分割来实现。如果资本使用者不能满足投资者的收益要求，资本将退出原资本使用者的经营领域而重新寻找新的资本使用者。因此，资本成本在一定程度上就成为判断企业经营业绩的重要依据。企业的资本收益率大于资本成本时，表明企业经营状况良好，否则将被认为是经营不善。

（一）现代企业筹资个别资本成本

个别资本成本是指各种筹资方式所筹资金的成本。它主要包括银行借款成本、债券成本、优先股成本、普通股成本及留存收益成本。

（1）银行借款资本成本。银行借款资本成本包括借款利息和借款手续费用。利息费用税前支付，可起抵税作用。

（2）债券资本成本。债券资本成本包括债券利息和筹资费用。债券利息的处理与长期借款利息的处理相同，应以税后的债务成本为计算依据。债券成本与借款成本的主要差别在于：①债券的筹资费用较高，不可能忽略不计。②债券的发行价格与其面值可能存在差异，从而在计算其筹资总额时要按发行价格标准计算。

（3）优先股资本成本。公司发行优先股需要支付发行费用，且优先股的股息通常是固定的，均从税后利润中支付，不存在抵税作用。

（4）普通股资本成本。普通股成本的计算最为复杂。从理论上，公司普通股成本是股东的投资期望收益率。因此，各种实际计算方法都将以此作为计算的依据。股利增长模型法。假定资本市场有效，股票市场价格与价值相等。

（5）留存收益资本成本。一般企业都不会把盈利以股利形式全部分给股东，并且在宏观政策上也不允许这样做，因此，企业只要有盈利，总会有留存收益。

留存收益是企业的可用资金，它属于普通股股东所有，其实质是普通股股东对企业的追加投资。留存收益资本成本可参照市场利率，也可参照机会成本，更多的是参照普通股股东的期望收益，即普通股资本成本，但它不会发生筹资费用。

（二）现代企业筹资综合资本成本

在实际工作中，企业筹措资金往往同时采用几种不同的方式。综合资本成本就是指一个企业各种不同筹资方式总的平均资本成本。它是以各种资本所占的比重为权数，对各种资本成本进行加权平均计算出来的，故称"加权平均资本成本"。

综合资本成本率的计算中所用权数是按账面价值确定的。使用账面价值权数容易从资产负债表上取得数据，但当债券和股票的市价与账面值相差过多时，计算得到的综合资本成本显得不客观。

计算综合资本成本也可选择采用市场价值权数和目标价值权数。市场价值权数是指债券、股票等以当前市场价格来确定的权数，这样做比较能反映当前实际情况，但因市场价格变化不定而难以确定。目标价值权数是指债券、股票等以未来预计的目标市场价值确定的权数，但未来市场价值只能是估计的。概括地说，以上权数分别有利于了解过去、反映现在、预知未来。在计算综合资本成本时，如无特殊说明，则要求采用账面价值权数。

（三）现代企业筹资边际资本成本

边际资本成本是指资金每增加一个单位而增加的成本，当企业需要追加筹措资金时，应考虑边际资本成本的高低。企业追加筹资，只可采用某一种筹资方式，但这对保持或优化资本结构不利。当筹资数额较大，资本结构又有既定目标时，应通过边际资本成本的计算，确定最优的筹资方式的组合。

计算筹资总额的分界点（突破点）。根据目标资本结构和各种个别资本成本变化的分界点（突破点），计算筹资总额的分界点（突破点）新筹资总额分界点是指引起某资金种类资本成本变化的分界点。如长期借款，筹资总额不超过50万元，资本成本为6%；超过50万元，资本成本就要增加到7%。那么，筹资总额约在50万元时，尽量不要超过50万元。然而要维持原有资本结构，必然要多种资金按比例同时筹集，单考虑某个别资本成本是不成立的，必须考虑综合的边际资本成本。

二、现代企业筹资中的杠杆原理

自然科学的杠杆原理是指通过杠杆的作用，用一个较小的力量产生较大的效果。财务管理中的杠杆原理，则是指由于固定费用（包括生产经营方面的固定费用和财务方面的固定费用）的存在，因而当业务量发生较小变化时，利润会产生较大变化的效果。

由于成本按习性分类是研究杠杆问题的基础，因此，以下分别说明经营杠杆、财务杠杆和复合杠杆。

（一）成本按照习性分类

所谓"成本习性"，是指成本与业务量之间的依存关系。根据成本习性对成本进行分类，对于正确地进行财务决策，有着十分重要的意义。按成本习性，可将成本划分为固定成本、变动成本和混合成本三类。

（1）固定成本。固定成本是指其成本总额在一定时期和一定业务量范围内不受业务量增减变动影响而固定不变的成本。属于固定成本的主要有折旧费、保险费、管理人员工资、办公费等。由于这些费用每年支出水平基本相同，因而产销量在一定范围内变动，不会对其产生影响。

正是因为这些成本是固定不变的，所以随着产量的增加，即意味着它将分配给更多数量的产品，也就是说单位固定成本将随产量的增加而逐渐变小。应当指出的是，固定成本总额只是在一定时期和业务量的一定范围内保持不变。这里所说的一定范围，通常为相关范围。超过了相关范围，固定成本也会发生变动。因此，固定成本必须和一定时期、一定业务量联系起来进行分析。从较长的时间来看，所有的成本都是变化的，没有绝对不变的固定成本。

（2）变动成本。变动成本是指其成本总额随着业务量增减变动成正比例增减变动的成本。直接材料、直接人工等都属于变动成本。但从产品的单位成本来看，则恰好相反，产品单位成本中的直接材料、直接人工将保持不变。

与固定成本相同，变动成本也要研究"相关范围"问题。也就是说，只有在一定范围内，产量和成本才能完全成同比例变化，即为完全的线性关系；超过了一定范围，这种关系就不存在了。

例如，当一种新产品还是小批量生产时，由于生产工人还处于不熟练阶段，直接材料和直接人工耗费可能较多，但随着产量的增加，工人对生产过程逐渐熟悉，因而可使单位产品的材料和人工费用降低。在这一阶段，变动成本不一定与产量完全成同比例变化，而是表现为小于产量增减的幅度。在这以后，生产过程比较稳定，变动成本与产量成同比例变动，这一阶段的产量便是变动成本的相关范围。然而，当产量达到一定程度以后，再大幅度增产就可能会出现一些新的不利因素，使成本的增长幅度大于产量的增长幅度。

（3）混合成本。有些成本虽然也随业务量的变动而变动，但不成同比例变动，不能简单地归入变动成本或固定成本，这类成本称为"混合成本"。混合成本按其与业务量的关系，又可分为半变动成本和半固定成本。

（4）总成本习性模型。从以上分析可知，成本按习性可分成变动成本、固定成本和混合成本三类。但混合成本又可按一定方法分解成变动成本和固定成本。

（5）边际贡献和利润。边际贡献是指销售收入总额和变动成本总额之间的差额，也称"贡献毛益"。边际利润，是指息税前利润是销售收入扣除全部成本后的差额，它是指不扣除利息和所得税费用之前的利润。

影响息税前利润的因素包括产品售价、产品需求和产品成本等因素。当产品成本中存在固定成本时，如果其他条件不变，产销业务量的增加虽然不会改变固定成本总额，但会降低单位产品分摊的固定成本，从而提高单位产品利润，使息税前利润的增长率大于产销业务量的增长率，进而产生经营杠杆效应；当不存在固定性经营成本时，所有成本都是变动性经营成本，边际贡献等于息税前利润，此时息税前利润变动率与产销业务量的变动率完全一致。

（二）经营杠杆

在其他条件不变的情况下，虽然产销量的增加一般不会改变固定成本总额，但会降低单位固定成本，从而提高单位利润，使息税前利润的增长率大于产销量的增长率。反之，产销量的减少会提高单位固定成本，降低单位利润，使息税前利润下降率大于产销量下降率。如果不存在固定成本，所有成本都是变动的，那么，边际贡献就是息税前利润。这时，息税前利润变动率就同产销量变动率完全一致。在某一固定成本比重下，产销量变动对息税前利润产生的作用，称为"经营杠杆"。

只要企业存在固定性经营成本，就存在经营杠杆效应。但不同的产销业务量，其杠杆效应的大小程度是不一致的。测算经营杠杆效应程度，常用指标为经营杠杆系数。经营杠杆系数也称"经营杠杆率"，是指息税前利润的变动率相对于销售量变动。

导致企业出现经营风险的主要原因是市场需求和成本等因素的不确定性，经营杠杆本身并不是利润不稳定的根源。但是，产销量增加时，息税前利润将以经营杠杆系数倍数的幅度增加；而产销量减少时，息税前利润又将以经营杠杆系数倍数的幅度减少。可见，经营杠杆扩大了市场和生产等不确定因素对利润变动的影响，而且经营杠杆系数越高，利润变动越激烈，企业的经营风险就越大。因此，企业经营风险的大小和经营杠杆有着重要关系。一般来说，在其他因素不变的情况下，固定成本越高，经营杠杆系数越大，企业经营风险越大，即在其他因素一定的情况下，固定成本越高，经济杠杆系数（DOL）越大。同理，固定成本越高，企业经营风险也就越大。

（三）财务杠杆

不论企业的营业利润是多少，债务的利息和优先股的股利通常都是固定不变的。当息税前利润增大时，每1元盈余所负担的固定财务费用就会相对减少，这能给普通股股东带来更多的盈余；反之，当息税前利润减少时，每1元盈余所负担的固定财务费用就会相对增加，从而大幅度减少普通股的债务对投资者收益的影响，称为财务杠杆。

如果甲、乙两公司的资金总额相等，息税前利润相等，息税前利润的增长率也相同，不同的只是资本结构。甲公司全部资金都是普通股，乙公司的资金中普通股和债券各占一半。在息税前利润增长20%的情况下，甲公司每股利润增长20%，而乙公司却增长了33.33%，这就是财务杠杆的作用。当然，如果息税前利润下降，则乙公司每股利润的下降幅度要大于甲公司每股利润的下降幅度。

从上述分析可知，只要在企业的筹资方式中有固定财务支出的债务和优先股，就存在财务杠杆的作用。但对不同的企业，财务杠杆的作用程度是不完全一致的。因此，需要对财务杠杆进行计量。对财务杠杆进行计量的最常用指标是财务杠杆系数。所谓财务杠杆系数，也称"财务杠杆率"（DFL），是指普通股每股利润的变动率相对于息税前利润变动率的倍数，因为利息费用、优先股股利固定不变，所以普通股利润的增长额应是息税前利润增长额减去所得税之后的余额。当利润增加时，乙公司每股利润的增长幅度要大于甲公司的增长幅度；而当利润减少时，乙公司每股利润的下降幅度更大。因此，公司息税前利润较多、增长幅度较大时，适当地利用负债性资金，发挥财务杠杆的作用，可增加每股利润，使股票价格上涨，提高企业价值。

财务风险是指企业为取得财务杠杆利益而利用负债资金时，增加了破产机会或普通股利润大幅度变动的机会所带来的风险。企业为取得财务杠杆利益，就要增加负债，一旦企业息税前利润下降，不足以补偿固定利息支出时，企业的每股利润就会下降得更快。若丙公司没有负债，就没有财务风险；丁公司有负债，当息税前利润比计划减少时，就有了比较大的财务风险，如果不能及时扭亏为盈，则可能会导致企业破产。

（四）综合杠杆

由于存在固定的生产经营成本，会产生经营杠杆效应，即销售量的增长会引起息税前利润以更大的幅度增长。由于存在固定的财务成本（债务利息和优先股股利）会产生财务杠杆效应，即息税前利润的增长会引起普通股每股利润以更大的幅度增长>一个企业会同时存在固定的生产经营成本和固定的财务成本，那么，两种杠杆效应会共同发生，会有连锁作用，形成销售量的变动使普通股每股利润以更大幅度变动。综合杠杆效应就是经营杠杆和财务杠杆的综合效应。

只要企业同时存在固定的生产经营成本和固定的利息费用等财务支出，就会存在复合杠杆的作用。但就不同企业而言，复合杠杆作用的程度是不完全一致的，因此，需要对复合杠杆作用的程度进行计量。对复合杠杆进行计量的最常用指标是复合杠杆系数或复合杠杆度。所谓复合杠杆系数（DTL），是指每股利润变动率相当于业务量变动率的倍数。

在复合杠杆的作用下，当企业经济效益好时，每股利润会大幅度上升；当企业经济效益差时，每股利润会大幅度下降。企业复合杠杆系数越大，每股利润的波动幅度越大。由于复合杠杆的作用而使每股利润大幅度波动造成的风险，称为"复合风险"。在其他因素不变的情况下，复合杠杆系数越大，复合风险越大；复合杠杆系数越小，复合风险越小。

三、现代企业筹资资本结构及其优化

资本结构是否合理会影响企业资本成本的高低、财务风险的大小以及投资者的得益。它是企业筹资决策的核心问题。企业资金来源多种多样，但总的来说可分为权益资金和债务资金，两类资本结构问题主要是负债比率问题，适度增加债务可能会降低企业资本成本，获取财务杠杆利益，同时也会给企业带来财务风险。

资本结构是指企业的长期资本中不同资本的比重结构。广义的资本结构是指企业全部资金中各种资金的构成及其比例关系。资本结构是企业采用不同的筹资方式筹集资金形成的。各种筹资方式不同的组合类型决定着企业的资本结构及其变化。由于短期资金数量相对少，占用数量不稳定，因此，资本结构的重点是长期资本结构，资本结构的核心问题是确定全部资金中负债资金所占的比例。

资本结构的影响因素有三个。

第一，企业所有者和管理者的态度。首先，企业所有者和经营者对控制权的态度会影响企业的资本结构。如果他们不愿分散公司控制权，则会倾向于债务筹资，提高债务资本。其次，企业所有者和经营者对风险的态度也将影响企业的资本结构。如果他们不愿承担太大的财务风险，则会倾向于减少负债，缩小债务资本的比例。

第二，企业的成长性和销售的稳定性。成长中的企业需要更多的资金。当权益资金筹集有限时，扩大筹资就意味着扩大负债规模和负债比例，负债筹资和负债经营是促进企业成长的重要方式。销售的稳定性反映了企业的经营风险情况。销售稳定的企业，经营风险小，还本付息能力较强，可适当提高负债比例。

第三，企业的获利能力和财务状况。息税前利润是还本付息的根本来源。在总资产报酬率大于负债利息率时，利用财务杠杆能获得较高的净资产收益率；反之，在总资产报酬率小于负债利息率时，利用财务杠杆则会降低净资产收益率。由此可见，获利能力是衡量企业负债能力强弱的基本依据。由于债务要以现金来还本付息，因此，要求企业未来必须有足够的现金净流入。企业未来现金净流入量越大，财务状况越好，负债能力就越强。

资本结构决策就是要确定企业的最优资本结构。根据资本结构理论，最优资本结构是指加权平均资本成本最低、企业价值最大时的资本结构。资本结构决策的方法主要有比较资本成本法、每股收益无差别点分析法和企业价值比较法。

（1）比较资本成本法。比较资本成本法是通过计算不同筹资方案的加权平均资本成本，并从中选出加权平均资本成本最低的方案为最佳资本结构方案的方法。

（2）每股收益无差别点分析法。影响企业价值的主要因素之一是企业的盈利水平。通常情况下，能增加企业盈利、提高股东收益的资本结构是好的资本结构。每股收益无差别点分析法是通过比较每股收益进行资本结构决策的方法。在每股收益无差别点上，无论是采用债务还是股权筹资方案，每股收益都是相等的。当预期息税前利润或业务量水平大于每股收益无差别点时，应当选择财务杠杆效应较大的筹资方案，反之亦然。

（3）企业价值比较法。企业价值比较法是在充分反映企业财务风险的前提下，以企业价值的大小为标准，经过测算确定企业最佳资本结构的方法。与资本成本比较法和每股收益分析法相比，企业价值比较法充分考虑了企业的财务风险和资本成本等因素的影响进行资本结构的决策以企业价值最大为标准，更符合企业价值最大化的财物目标；但其测算原理及测算过程较为复杂，通常用于资本规模较大的上市公司。

第四节　基于云会计的现代企业筹资管理

"云会计是利用云计算技术和理念，构建于互联网上，向企业提供财务核算、财务管理和财务决策服务的虚拟化会计信息系统，其以成本低、易维护、及时性强、能够实现外部协同等优势受到企业的关注。"①

筹资管理作为企业财务管理的首要环节，对企业后续的投资管理、生产经营、利润分配起着至关重要的作用。云会计的发展恰好为企业筹资管理提供了良好的技术支持。那么，如何利用云会计平台获取与筹资管理相关的数据，并运用这些数据构建企业筹资管理的模型以提高企业筹资决策的效率，成为企业云会计应用中亟须解决的重要问题。

一、云会计相关理论

（一）云会计的内涵

云会计（Cloud Accounting）可简单理解为云计算加会计的结合体，是一种基于云计算下的会计衍生物。企业可以利用它处理企业的会计实务，并且能够更高效地完成作业。以下从两个方面来介绍云会计的内涵。

（1）云会计服务商。云会计服务商所做的就是对于计算机硬件的维护和升级来保证云会计服务能够正常高效地进行，就是对于一切的云会计服务活动提供技术支持。

（2）用户。用户可以通过登录互联网获取会计信息，并且把处理的信息都存储在云端，并不需要为了购买专门的存储工具进行保存或者备份，而且可以直接从云数据库中得出一些分析报告和结论，不但提高了自身的工作效率，而且还极大地降低了成本。

（二）云会计的基本结构

根据云会计的服务模式，我们把云会计的基本结构分为：用户、网络和云会计三个环节，其中云会计根据不同类型的服务模式可以细分为：IaaS、HaaS、DaaS、PaaS 和 SaaS。

（1）IaaS（基础设施即服务）即将计算机基础设施（通常是虚拟化的）也作为一种服务方式，消费者通过 Internet 可以从完善的计算机基础设施获得服务。

（2）HaaS（硬件即服务）是指在服务器上安装虚拟机，工作人员根据各个虚拟机上的状态来调动，以其最大限度地满足各个用户的需求，来达到资源利用最大化的目的。

（3）DaaS（数据即服务）是指将与数据相关的服务集中化的布置，把数据集中管理从而把它们输送到不同需求的用户手里，以达到高效快速地传递资源的目的，保证服务的质量和效率。

（4）PaaS（平台即服务）把服务器平台作为一种服务提供的商业模式，PaaS 是由专

---

① 曹惠玲，戴军. 基于云会计的企业筹资管理探究 [J]. 财务与会计，2015（20）：69-71.

门的平台服务搭建和运营该基础平台，并把平台提供给系统运营商应用，系统运营商通过付费方式获得平台的服务功能。PaaS 运营商不仅能够提供简单基础的平台服务，而且包括针对该平台的技术支持服务，甚至针对该平台的应用系统开发进行优化和升级的服务。

（5）SaaS（软件即服务）是基于互联网提供软件服务的软件应用模式，SaaS 提供商是包括为了企业提供软硬件建设之外，还包括对企业提供后期的维护升级以及平台运作管理的工作，保证企业的系统平台运作的稳定性。

（三）云会计发展和改进

云会计始于 2005 年左右，目前新西兰、澳大利亚和加拿大的会计云计算系统处于领先地位，具有代表性的是 Xero，Saasu 和 Wave Accounting。我国还处于云会计的起步阶段，不过现在随着对信息化的需求越来越大，云会计的发展前景会越来越好。

虽然目前云会计服务还存在一些问题包括不安全、不可靠、侵犯隐私、数据移植性较弱、法律规范缺失、功能单一等一系列问题，并且在我国会计在线使用率比较低，但因云会计服务模式具有低成本、高效率、高度可拓展性等优点，必将会成为会计信息化发展的趋势。

会计数据统一存储在云系统中，一方面国家可以根据这个数据的汇总整理得出整个经济市场的信息，并且可以根据市场信息制定出符合市场规律的政策和法律，保证市场持续有效的发展。但是另一方面，这些数据信息一旦泄露，或者被一些不法分子拿去使用的话，就会对市场甚至国家的经济造成威胁，影响到一个国家的经济命脉，后果将会非常严重。

政府和各界人士应当一边提高对云会计的认识和了解，一边合理恰当地应用，并且随着云技术的发展和升级，我们一定会慢慢克服困难，共同迎接云会计时代的到来。

（1）政府应加大对云会计的扶持。政府应当大力支持云会计产业的发展，对于云会计这种新兴技术应该大力扶持和培养，在高校设立这门专业，大力培养云技术方面的人才，在技术设备上要加大资金的投入，并且鼓励企业对于云会计的应用，普及他们对云会计的了解。针对云会计的安全性政府应当让相关安全部门介入，与云会计服务商一同研究制定安全防护的方法，提高云会计使用的安全性，解决好云会计的安全问题。

政府应加强对云会计服务商的监管力度，对不符合规定的云会计服务商进行大力打击，定期审查云会计服务商的资质，对于不符合规定的一律严惩。对于符合规定并且实力雄厚的云会计服务商进行财政支持，鼓励他们好好发展，为将来的中国云会计产业贡献一分力量。

（2）云会计服务商需不断提升自身的实力。云会计服务商应该关注企业的云会计软件的安全性，为企业用户的安全考虑，去提供更加安全、可靠的云会计软件，对于其中的漏洞和不完善的部分进行及时的修改，保证企业用户使用时数据的安全性，做到万无一失，防止不同企业之间的数据混淆。

云会计服务商应在传统会计软件的基础之上加大投入力度，力争做好云会计软件的各个版本的兼容，使云会计软件不会受一些其他软件的影响，保证系统能够稳定、高效的运作。不断完善其开发的云会计软件的性能，以满足各个企业对于云会计服务的需要。

云会计服务商应重视云会计信息系统的可拓展性，因为将来企业发展多元化，可能要接触更多新型的业务，增加更多的拓展性，来满足企业将来各种的业务需求；增加各种业务模块满足各种业务的形式，实现信息的实时交互，极大提高企业的工作效率。同时，应响应应国家政策的号召，大力发展自身以及积极与国外云会计软件方面的权威进行合作，在提升自己的能力的同时也要争取在国际地位上得到认可，加大宣传力度，在世界范围增加更多的云会计使用者。

（3）企业积极做好应对准备。企业应当根据自身情况，恰当合理地使用云会计软件，根据各类信息的重要性分门别类地存储在云会计终端上，根据是否适合企业自身发展进行使用。并且要遵照政府规定的正规安全标准进行注册使用。企业内部应建立信息安全管理体系，加强员工对于会计信息的安全防范意识，建立授权审批制度，规范化操作保证万无一失。

企业在选择云会计服务商应该要综合考虑，不仅是从行业规模和系统安全，还要考虑后期维护和品牌影响，以及兼容性问题。对于不同的企业有不同的选择，针对不同的情况选择不同的云会计服务商，企业的云会计系统应当和税务、银行、审计、ERP 等系统链接，并不断深入融合，最终向云计算方向的全面预算管理系统发展。并且企业要大力引进云技术方面的复合型人才，才能让云会计在企业中能够发挥出更好的作用。

总之，云会计将来会成为企业现代化管理的主流模式，但是要依靠政府、云会计服务商和企业自身这三大方面不断努力推进，才能保证整个云会计产业健康苗壮的发展。

二、云会计的优势

云会计的意义在于解放人力成本，通过会计信息化把企业的会计任务进行外包，让企业集中更多的精力进行发展主力业务，从而提高企业的竞争优势。

（1）投资低廉。首先企业使用了云会计之后，人力成本方面将会大大节省，因为各个系统的会计数据都统一交由云系统管理和整合，减少了大量的会计人力。其次在软件成本上也比购买会计软件系统更划算，由一个云系统就可以全部处理好，节省了会计部门在会计软件上的支出。最后在硬件方面的成本也是相对降低了，只需提供网络服务和终端设备，省去了 IT 人员的成本和设备的维护升级成本。从这三个方面都充分说明了云会计在成本上的优势。

（2）服务专业。云会计服务商专业的服务让管理更加的方便，更加的快捷。因为服务对专业的高要求性，使得云会计的服务也更加专业，让企业以及企业服务的客户享受到更专业的服务，从而最大限度地完成会计信息化的工作。

（3）数据处理高效。云会计把所有的会计数据都统一上传到云端，由大数据库中心统一整理，不但保证了高速的效率，节省了更新数据库的成本，高效的信息数据处理是云会计的明显的优势。

（4）协同控制力强。企业的会计信息主要分成两个部分，一个是直接获取的企业自身的经济活动，另一个是企业在产业群体中与其他关联方发生的会计信息。相对来讲，一个是内部的信息，一个是外部的信息，所以保持内外部的信息协同控制显得尤为重要。

企业将来的任何会计业务都更需要接触或者利用互联网，而云会计作为会计信息的数据存储库，可以把企业发生的任何经济活动的会计信息上传至云端，一方面保证会计信息录入的时效性，另一方面也方便了会计人员。企业从内部方面来说，会计部门通过云系统与各个部门相互关联，使得工作方式发生了改变，也真正让会计部门融入信息协同中来。从企业外部方面来看，合作商与自己都用互联网关联起来，保持信息的共享和交流，及时满足供求关系，使得合作关系有序进行。云会计使得企业内外部的信息协同能力大大提高，也相应提高了企业对内外的协同控制力，增强了企业的经营能力。

（5）新业务扩展能力强。会计软件的更新升级对我们来讲其实是个高成本、低效率的弊端。而我们现在利用云会计就可以很好地解决这一问题。首先，云会计设备的分布式设置和多点式存储，就可以保证我们在扩展新业务时不必担心原有会计信息丢失和服务器的崩溃。其次，由于云系统特有的云处理云计算功能，使得用户下载安装都不用耗费大量的人力物力，极大减少了会计人员的扩展作业。

企业可以根据自己的需求利用云会计定制自己的服务，根据自身业务的特点，增添新的扩展功能，这些都要比传统会计信息系统高效，人性化很多，借助云会计将来可以应对快速变化的市场环境。

三、云会计对现代企业筹资管理的影响

（一）云会计使筹资规模的预测更精准

预测企业的资金需要量是筹资管理的必要的基础环节。常用的筹资规模预测方法主要有销售百分比法和线性回归分析两种定量预测法，必要时辅助于专家会议法、德尔菲法等

定性预测法。过去由于数据采集、处理、分析等技术的限制，企业对未来销售额的预测不够准确，对敏感项目的划分不够合理，故通过销售百分比法预测的资金规模也就不够精准。

同时，企业对历年的资金需求量和营业业务量之间的线性关系的假定往往不符合实际需要，导致运用线性回归分析基于云会计的企业筹资管理不同法预测出的资金需求量存在较大误差。而在运用云会计平台的情况下，企业则可以直接获取与筹资相关的结构化、半结构化、非结构化等数据，并运用大数据技术进行数据的筛选、转换和分析，为资金规模预测提供较为准确的销售、采购、盈利等信息，从而使筹资规模的预测更加精准。

（二）云会计使筹资方式的选择更合理

目前企业筹集资金的方式主要有吸收直接投资、发行股票、利用留存收益等权益筹资方式，银行借款、发行债券、融资租赁、利用商业信用等债务筹资方式以及发行可转换债券和认股权证等混合筹资方式。

其中选择哪些方式既能满足企业对资金的需求，又能达到优化资本结构、降低资本成本的目标，成为企业筹资管理中关注的重点。基于云会计平台，企业不再仅对财务数据进行分析，而是通过移动互联网、物联网等渠道搜集大量数据，并进行深度挖掘、综合分析，进而充分了解到投资者的投资意向以及交易所的证券数据、银行的信贷条件、租赁公司的融资租赁条件等与筹资决策相关的信息，使筹资方式的选择更合理。

（三）云会计使筹资成本的控制更有效

（1）云会计使资本成本更低廉。企业的资本成本包括资金筹集过程中发生的筹资费和资金使用过程中发生的用资费，计算模式包括不考虑资金时间价值的一般模型和考虑资金时间价值的折现模型两种。

折现模型下需要估算债务未来还本付息或股权未来现金流量，由于受到数据分析技术的限制，这些数据的确定一定程度上依赖财务人员的主观判断，细微的差异将会影响资本成本计算结果的准确性。基于云会计平台，企业则能够收集国家的财税政策、行业因素、资本市场信息、企业自身财务状况等大量数据，并通过大数据处理技术进行数据挖掘和分析，准确预测计算资本成本需用的未来现金流量，通过调整不同筹资方式所占的权重，有效控制企业的资本成本，从而使综合资本成本更低廉。

（2）云会计使筹资风险更可控。企业的筹资风险包括经营风险和财务风险。由于固定性经营成本的存在产生了经营杠杆效应，企业可以通过调节企业的销量、价格、单位变动成本和固定成本来控制经营风险的大小。由于固定性资本成本的存在产生了财务杠杆效应，企业可通过调整利息和息税前利润来控制财务风险的大小。

而通过云会计平台，企业可收集历年的成本信息、利润指标和市场销售信息，并运用大数据技术对其进行处理和分析，根据成本习性对成本进行合理分类，准确预测企业的销量、价格、利润、成本等指标，保证经营杠杆和财务杠杆两个指标计算的精准性，并对可能存在的风险原因和后果进行分析和估算，从而使筹资风险更可控。

（3）云会计使资本结构更优化。最优资本结构是指在适度负债的情况下，同时满足企业价值最大和综合资本成本最低的资本结构。当前衡量企业最佳资本结构的方法主要有每股收益无差别点法和企业价值分析法。每股收益无差别点法需要预测不同方案下的每股收益指标，并计算出均衡点的息税前利润，这些指标的计算离不开对企业未来盈利状况的准确预测。

企业价值分析法下，无论是权益资本价值还是债务资本价值的测算都需要选择合适的折现率。基于云会计平台，企业可以获取完整的市场信息、企业信息、风险信息，通过大数据技术的处理保证对每股收益和息税前利润预测的有效性以及风险调整后的折现率获取的准确性，从而使资本结构更优化。

四、基于云会计的现代筹资管理模型的构建

根据云会计提供的服务功能，提出了基于云会计的筹资管理模型，其具体结构分为数据层、基础设施层、平台层、应用层和硬件虚拟化层，每一层都由对应的服务构成，如图4-1[①]所示。

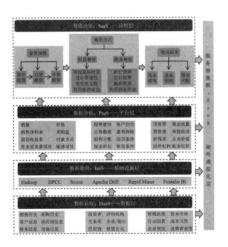

图4-1 基于云会计的筹资管理模型

---

① 曹惠玲，戴军. 基于云会计的企业筹资管理探究［J］. 财务与会计，2015（20）：69-71.

（1）基于 DaaS 的数据获取。利用数据即服务（DaaS）获取的与企业筹资决策相关的数据资源较为广泛，既包括企业内部 ERP 系统产生的财务状况、经营状况、成本习性、决策者的态度等结构化数据，又包括企业外部的财税政策、资本市场、行业因素、中介机构等半结构化、非结构化数据。

数据获取模块可借助物联网技术，通过图像扫描、条码识别、传感器收集等方式获取与筹资决策相关的大量数据，并通过数据传输模块传递到数据处理平台。

（2）基于 IaaS 的数据处理。利用基础设施即服务（IaaS）构建云会计的数据处理平台，该平台将数据层获取的数据运用 ETL 工具抽取、转载、加载到多个数据仓库中，并借助 Hadoop、HPCC、Storm、Apache Drill、Rapid Miner、Pentaho BI 等大数据处理技术对各类结构化、半结构化、非结构化数据进行分析处理，最终存储于企业的 DBMS、File、HDFS、No SQL 等数据中心。

（3）基于 PaaS 的数据分析、利用平台即服务（PaaS）来构建云会计的数据分析平台。该平台借助层次分析、TOPSIS 法、贝叶斯分析等数据分析方法和关联规则挖掘、决策树、人工神经网络等数据挖掘方法，将经过处理后的标准数据进行筛选、转换，从而分析出与预测筹资规模、选择筹资方式、控制筹资成本相关的信息。

（4）基于 SaaS 的筹资决策。利用软件即服务（SaaS）来构建云会计的各类应用系统，具体包括筹资规模预测系统、筹资方式选择系统、筹资成本控制系统。

预测筹资规模。企业预测筹资规模时需先测算留存收益、自然融资等企业内部融资需求量，再预测企业外部融资需求量。首先，依据数据分析平台分析出的企业未来的销量、价格、销售净利率、留存收益率等指标，计算出企业新增留存收益金额。其次，按照分析出的企业未来的采购量、价格、付款方式、敏感负债占销售额的百分比，测算出新增的自然性融资金额。最后，根据测算的企业资金总需求量减去留存收益和自然融资提供的资金需求量，得出企业外部的融资需求量。

选择筹资方式。企业的筹资方式包括权益筹资、债务筹资和混合性筹资三种方式。企业在选择具体筹资方式时需综合考虑各方面因素，其中包括：依据数据分析平台提供的信息，判断投资者的投资意向和投入资产的估价信息，为能否选择吸收直接投资提供参考。根据股票、债券等证券数据和企业的盈利指标、股利分配方案，判断能否发行普通股、优先股、企业债券。对不同银行的信贷条件进行对比分析，为银行借款方式的选择提供依据。对不同公司的融资租赁条件进行比较分析，为融资租赁方式的选择提供依据。

控制筹资成本。企业对筹资成本的控制需做到资本成本最低化、资本结构最优化、筹资风险最小化。在筹资成本控制系统中，企业可根据筹资费、用资费、现金流量等信息，分别计算个别资本成本来比较不同筹资方式的优劣，计算加权平均资本成本来衡量资本结构是否合理，计算边际资本成本来判断是否需要追加筹资。根据每股收益、折现率、企业价值等信息，运用每股收益无差别点法和企业价值分析法来选择不同的筹资方式，以确保企业达到最佳资本结构状态。通过对经营杠杆和财务杠杆的分析计算，判断企业的经营风险和财务风险大小，适时调整销量、价格、成本、利息等指标，力求降低企业的筹资风险。

（5）基于 HaaS 的服务器集群。利用硬件即服务（HaaS）来构建具备有效弹性计算能力的服务器集群，为基于云会计的企业筹资管理系统提供硬件保障。该服务器集群包括数据层的数据获取模块和数据传输模块，基础设施层的数据处理模块和数据存储模块，平台层的数据分析模块和数据挖掘模块，应用层的筹资规模预测模块、筹资方式选择模块和筹资成本控制模块。

第五章　大数据背景下现代企业投资决策管理

第一节　现代企业投资决策的方法解读

"公司在收集有关资料，特别是现金流量信息后，就可以运用评价投资方案的指标来对各个长期投资方案进行分析、评价，以决定是否采纳有关投资方案。根据分析、评价指标的类别，投资决策分析方法一般可分为非贴现法和贴现法两类。非贴现法没有考虑货币的时间价值，计算较为简便；贴现法考虑了货币的时间价值，更为科学合理，但计算较为复杂。"①

一、非贴现法投资决策方法

非贴现的投资决策方法主要包括投资回收期法及平均报酬率法。

（1）投资回收期法。回收期是指投资项目收回全部投资所需要的时间。为了避免出现意外情况，企业往往乐于选择能在短期内收回全部投资的方案，即认为：投资回收期越短，方案越有利。

投资回收期法的优点是计算简单，但缺点在于它不仅忽视了货币的时间价值，而且还没有考虑回收期满后的现金流量状况。现实中，有战略意义的长期投资通常早期收益较低，中后期收益较高，投资回收期不考虑回收期满后的现金流量状况。

（2）平均报酬率法。年平均投资报酬率是指某一投资方案的年平均利润与原始投资额的比率，是反映投资项目的获利能力的一个相对数指标。应用这种方法，首先要计算各投资方案的年平均投资报酬率，在采用年平均报酬率这一指标时，应事先确定一个必要年平均报酬率；决策时，只有高于必要平均报酬率的方案才能入选。

---

① 李燕，张永刚. 企业财务管理［M］. 南京：东南大学出版社，2017：116-117.

年平均投资报酬率法的优点是简单、明了、易于掌握，并能说明各投资方案的收益水平；但缺点是没有考虑资金时间价值，没有反映建设期长短及投资时间不同对项目的不同影响。

二、贴现法投资决策方法

贴现的投资决策方法考虑了资金的时间价值，将未来的现金流量折现，使得收益与成本在同一个时点进行比较，更为科学。贴现的投资决策方法主要包括折现净现值、内含报酬率、获利指数等。

（一）净现值法

投资项目投入使用后的净现金流量，按资本成本率或企业要求达到的报酬率折算为现值，减去初始投资以后的余额叫净现值。当折现率为资本成本率时，净现值为正意味着项目可以弥补资本成本，并为股东创造价值；当折现率为必要报酬率时，净现值为正意味着投资项目可以获得超过必要报酬率以外的超额收益。在只有一个备选方案的采纳与否决策中，净现值为正者则采纳，净现值为负者则不采纳；在有多个备选方案的互斥选择决策中，应选用净现值是正值中的最大者。

净现值法是项目投资评价中常用的方法，其主要优点有：①考虑了资金时间价值，增强了投资经济性评价的实用性。②系统考虑项目计算期内全部现金流量，体现了流动性与收益性的统一。③考虑了投资风险，项目投资风险可以通过提高贴现率加以控制。

净现值法也存在某些缺点，主要有：①净现值是一个绝对数，不能从动态的角度直接反映投资项目的实际收益率，进行互斥性投资决策。当投资额不等时，仅用净现值法有时无法确定投资项目的优劣。②净现值法的计算需要有较准确的现金净流量的预测，并且要正确选择贴现率，而实际上现金净流量的预测和贴现率的选择都比较困难。

（二）内含报酬率法

内含报酬率是使投资方案净现值为零的贴现率，其实际反映了投资项目的真实报酬或最高能承受的资金成本。内含报酬率的计算，通常需要"逐步测试法"。首先估计一个贴现率，用它来计算方案的净现值。如果净现值为正数，说明方案本身的报酬率超过估计贴现率，应提高贴现率后进一步测试；如果净现值为负数，说明方案本身的报酬率低于估计的贴现率，应降低贴现率后进一步测试。经过多次测试，寻找出使净现值接近于零的贴现值，即为方案本身内含报酬率。如果对测试结果的精确度不满意，可以使用"插值法"来改善。

内含报酬率法是根据方案本身内含报酬率来评价方案优劣的一种方法。在只有一个备选方案的采纳与否决决策中，内含报酬率大于必要报酬率或资本成本率的方案则采纳，反之则不可采纳；在有多个备选方案的互斥选择决策中，应选用内含报酬率大于必要报酬率或资本成本率的方案中的内含报酬率最大的方案。

实际工作中，很多公司已实现了计算机化，用财务软件或 Excel 能自动生出内含报酬率等指标，计算过程已不像以前那么困难，越来越多的企业开始使用该项指标对投资项目进行评价。

内含报酬率法的优点：①考虑了货币的时间价值；②从相对指标上反映了投资项目的收益率。

但其也存在一定的缺点：①内含报酬率中包含一个不现实的假设：假定投资每期收回的款项都可以再投资，而且再投资收到的利率与内含报酬率一致；②收益有限，但内含报酬率高的项目不一定是企业的最佳目标；③内含报酬率高的项目风险也高，如果选取了内含报酬率高的项目意味着企业选择了高风险项目；④如果一个投资方案的现金流量是交错型的，即当不同年度的未来现金流量有正有负时，则一个投资方案可能有几个内含报酬率，这对于实际工作很难选择。

（三）获利指数法

获利指数又称现值指数，是投资项目未来报酬的总现值与初始投资额的现值之比。获利指数又可以看作 1 元的初始投资期望获得的现值净收益。

一般而言，在只有一个备选方案的采纳与否决决策中，如果投资项目的获利指数大于 1，该投资项目就是可以接受的，反之则不可采纳；在有多个备选方案的互斥选择决策中，应选投资项目获利指数大于 1 最多的方案。

获利指数法的优点是：①考虑了资金的时间价值，能真实地反映投资项目的盈利能力；②由于其是用相对数表示的，因此有利于在初始投资额不同的投资方案之间进行对比。

获利指数法的缺点在于其只代表获得收益的能力而不代表实际可能获得的财富。它忽略了互斥项目之间投资规模上的差异，在多个互斥项目的选择中可能会得到错误的答案。

三、投资决策方法的比较

不同的评估方法常会使决策者据以做出不同的决策。

（一）贴现指标与非贴现指标方法的比较

非贴现指标中投资回收期法、平均报酬率法把不同时间点上的现金收入与支出当作无差别的资金进行对比，忽略了资金的时间价值因素，夸大了项目的盈利水平，这是不科学的。即使是修正后的贴现投资回收期法只能反映投资的回收速度，不能反映投资的主要目标——净现值的多少。

但是人们首先是从认识非贴现指标开始的，随着资金时间价值原理被逐步认识和应用到财务管理中后，贴现指标才得以产生。

20世纪50年代，几乎没有什么企业采用贴现指标作为投资决策的依据，投资回收期法成为评价投资决策的主要方法。但是随着管理水平的不断提高，从20世纪70年代开始，贴现现金流量指标已占据主导地位，并形成了以贴现现金流量指标为主、非贴现指标为辅的多种指标并存的评价体系。

（二）净现值、内含报酬率及获利指数方法的比较

净现值、内含报酬率及获利指数各有特点，但三者之间也存在着一定的联系：①当某方案的净现值>0时，则其内含报酬率>折现率，获利指数>1；②当某方案的净现值＝0时，则其内含报酬率＝折现率，获利指数＝1；③当某方案的净现值<0时，则其内含报酬率<折现率，获利指数<1。

在多数情况下，运用净现值、内含报酬率及获利指数法这三种方法得出的结论是相同的，但有时会产生差异。

（1）净现值与内含报酬率的比较。第一，投资规模不同。当一个项目的投资规模大于另一个项目时，规模较小的项目的内含报酬率可能较大，但净现值可能较小。例如，项目A的内含报酬率为25%，净现值为100元，而项目B的内含报酬率为20%，净现值为200万元。

第二，现金流量发生的时间不同。有的项目早期的现金流入量比较大，而有的项目早期的现金流入量比较小。采用净现值法假定现金流入量重新投资会产生相当于折现率的利润率；而内含报酬率法则是假定现金流入量重新投资产生的利润与内含报酬率相同。后者假设过于理想化，一般不容易实现。因此，净现值法的再投资假设比内含报酬率法的再投资假设合理得多。

第三，多个内含报酬率共存时。如在内含报酬率的缺点分析中所述，如果一个投资方案不同年度的未来现金流量有正有负时，则一个投资方案可能有几个内含报酬率，内含报酬率所做的决策则不是唯一的。而净现值法则只有一个唯一的结论。

（2）净现值与获利指数的比较。净现值与获利指数使用的是相同的信息，在评价投资项目的优劣时，它们常常是一致的。但由于净现值考虑的是投资收益的绝对值，获利指数考虑的是投资收益的相对值，当初始投资不同时，净现值与获利指数的评价结果可能会不一致。

在没有资本限量的情况下，若某个方法能具有以下三种特性，则该方法能做出始终正确的投资决策：①该方法必须考虑货币的时间价值；②该方法必须考虑项目整个寿命期内的现金流量；③该方法在选择互斥项目时，必须选择能使公司价值最大化的项目。

综合上述各种评价指标的比较，只有净现值法在没有资本限量的情况下，能具有三种特性，因此，一般认为净现值法是最佳的投资决策方法。

（三）项目投资决策方法的几种类型

1. 差量分析法

固定资产更新是对技术上或经济上不宜继续使用的旧资产，用新的资产更换或用先进的技术对原有设备进行局部改造。随着当今社会科学技术的迅速发展，机器设备的更新换代也日益加快。固定资产更新是现代公司为加强竞争、提高公司生产经营能力而广泛采用的一种方法，更新决策就是对这种投资进行分析并做出决策。

在新旧设备尚可使用年限相同的情况下，可以采用两种方法进行投资决策：①单独计算新设备替代旧设备，继续使用旧设备现金流量，然后分别两种方案的净现值并进行比较；②采用差量分析法计算。

假设，有两个投资期相同的互斥方案 A 和 B，使用差量分析法的基本步骤如下。

首先，将两方案的每期的现金流量进行对比，得到每期的△现金流量（现金流量 A，现金流量 B）；

其次，根据各期的△现金流量，计算出两个方案的△净现值；

最后，根据△净现值做出判断：如果△净现值>0，应选 A 方案；若△净现值<0，应选 B 方案；

若 A 净现值=0，则 A、B 方案可任选其中的一个。

一般认为初始现金流量的计算有两种方法。

第一种方法，将旧设备的变现价值、旧设备变现损失减税或者变现收益纳税（简称"旧设备变现净收入"）作为旧设备的现金流量处理。这种决策的基本思路是：从局外人的角度出发，将继续使用旧设备和更新新设备视为两个独立的互斥方案。如果投资旧设备，旧设备的初始现金流量为旧设备变现净收入；如果投资新设备，新设备的初始现金流量为新设备的实际采购价格。

第二种方法，将旧设备的变现净收入作为新设备投资额的抵减项来处理。这种决策的基本思路是：从实际情况出发，将新设备更换旧设备看成一个特定的方案。旧设备如果不进行更新，则决策当期的初始现金流量为零，因为对旧设备的投资是在前期发生的，属于沉没成本，该成本已经付出且不可收回，与当期决策无关。如果选择更新设备，则新设备的初始现金流量应该扣除旧设备变现净收入。

上述两种分析方法的区别在于初始现金流量不同。但是，一方面，固定资产更新决策是特定的以旧换新项目，只有在更换新设备的情况下旧设备才会产生真实的现金流量；另一方面，方法二中旧设备的初始现金流量为零，使得年均净现值比第一种方法更大，对于决策者来说，应慎重考虑以旧换新，故第二种方法更符合会计的谨慎性原则。

2. 最小公倍寿命法

新旧设备尚可使用的年限相同，可使用差量分析法进行决策；但多数情况下，新设备的使用年限要比旧设备长，则不能采用差量分析法或将不同项目的净现值、内含报酬率或获利指数进行直接比较，此时可以通过最小公倍寿命法来解决这一问题。

最小公倍寿命法又称为"项目复制法"或"共同年限法"，是假设两个方案可以进行多次重复投资，一直到两个方案使用寿命的最小公倍数的期间为止，将各自多次投资的净现值进行比较的分析方法。

最小公倍寿命法的优点容易理解。但由于最小公倍数法的重要前提是：①在较长时间内，方案可以连续地以同种方案进行重复更新，直到多方案的最小公倍数寿命期或无限寿命期；②替代更新方案与原方案现金流量完全相同，延长寿命后的方案现金流量以原方案寿命为周期重复变化。

这两个前提，也导致了该方法的缺点：①计算较麻烦；②一个完全相同的方案在一个较长的时期内反复实施的可能性不大，因此评价结论就不太令人信服。

3. 年均净现值法

年均现值法又称为"等额年金法"，是把投资项目在寿命期内总的净现值转化为每年的平均净现值，并进行比较分析的方法。单个方案决策时，应选择年均净现值为正的方案；有多个备选方案的互斥项目中，应选年均净现值最高的方案。

4. 资本限额投资决策

资本限额是指企业可以用于投资的资金总量有限，不能投资于所有可接受的项目。在现实世界中，这种情况普遍存在。

第二节　大数据环境对企业投资决策的影响

　　企业的投资活动分为国内投资和境外投资，目前国内投资是我国企业投资的主要类型，包括扩大现有产品的再生产、新产品的测试等，外商投资主要采取参股、控股和合资等直接投资形式，只有少数企业会采用间接投资的方式买卖股票或债券①。无论是外资还是内资，企业都非常重视市场调研在评估投资决策中的作用。大多数企业的市场份额有限，不能像大型跨国集团那样把握机遇，更多的是被机遇所驱动。企业开展生产经营活动的主要目的就是获得经济效益，因而在市场调研的过程中会更加注重市场中项目投资的主要发展趋势。如何做好项目投资的前期调研和预测，为投资者做决策提供有效的数据信息非常重要。传统的市场研究是手工记录，计算过程复杂，效率不高，占用时间较长，而大数据技术的应用，不仅解决了人工收集分析的困难，还把数据分析的范围进行了延展。

　　传统的企业决策方法主要有市场调研、电话咨询、电子邮件沟通等，需要大量的人力和物力支持，也需要很多资金投入。企业本身在投资管理方面的人才很少，有时他们需要在公司外聘专业投资经理，帮助他们搜集和分析决策信息。这样无疑增加了企业的投资决策成本。如果公司根据需求使用大数据平台，并模拟不同场景下的数据分析，制订不同的可行性方案，就可能大大节约决策成本、人力和物力成本。

一、大数据环境对企业投资决策的有利影响

　　（1）降低投资决策风险。在当今大数据背景下，各个企业在进行投资决策时实现大数据资源、大数据技术的有效应用，能实现投资决策风险的有效规避，并实施出更加高效、安全的投资行为。

　　例如，在投资决策的初期规划阶段，行业市场中海量的大数据能为企业提供更加详细的项目认知依据，企业在广泛采集与深度分析大数据之后，能多角度、全面地了解、评估投资项目的回报周期、回报规模、经营前景等，从而确定该项目是否符合自身的投资条件和投资需求，并制定更正确的投资决策。再如，在已投资项目的运营阶段，企业也可依托大数据技术，动态、及时地采集项目的成本投入、市场反馈、政策变化等相关信息，并分析当前情况是否与初期的决策规划相符合。若相符，可按照预设投资方案继续执行，反之则需要及时采取措施进行投资行为的调整或撤出，以达到及时止损、趋利避害的目的。

---

　　①　吕岚. 大数据背景下企业投资决策研究 ［J］. 投资与创业，2021，32（14）：1-3.

（2）提高投资效益。在大数据时代背景下，各个企业都建立了量化投资模型，以此来帮助决策人员处理大量数据，从而节省决策人员的时间。这些可以确保决策人员在短时间内对投资结果产生影响的因素进行全面分析，主要包括经济周期、市场、盈利情况、心理因素等，根据投资模型分析得出的结果做出项目选择，有效提升了投资效率。

二、大数据环境对企业投资决策的不利影响

随着数字技术的广泛运用，信息共享平台已经覆盖了很多业务领域，海量信息的涌入为我们创造了很多投资发展的机会，但是也增加了很多无法确定的风险，主要存在以下几方面。

（1）投资环境更加复杂。企业投资环境普遍存在复杂性和多变性。这些变化和复杂主要体现在市场整体运营环境、政府出台相关政策、资源因素、法律法规的限制等多方面。

不同投资环境都有其要求和特征，对于企业来说，这些信息相对复杂多变，再加上一些环境因素的影响，其时效性较强，因此部分企业无法及时掌握相关信息。例如，有些业务领域已经对"热钱"进行限制，增加准入条件，但是一些中小企业无法及时得到这些信息，未及时采取补救措施，丧失了市场先导机会。

（2）阻碍企业的发展。信息化是现阶段社会和企业共同的发展方向和趋势，信息化技术的应用是以网络信息技术为基础的。从企业的角度来说，如果企业在应用大数据的过程中没有做好信息的核对和整合工作，就会导致企业接收的信息不对等，从而给企业制定各种投资决策提供错误的信息，影响企业决策的科学性和合理性，进而阻碍企业的发展。而这种不利影响在缺少资源整合能力和资金投入的中小型企业中比较常见。

（3）投资决策缺乏科学性。企业的投资决策关系到企业的经济发展命脉，投资决策需要确保科学性才能够在保证实现企业投资资金使用价值的同时，促进企业的健康发展。

在大数据的时代背景下，企业的投资决策不仅需要以科学的信息数据作为支撑，还需要拥有高质量专业人才的战略性眼光和决策能力，才能够保证投资决策的科学性，然而现阶段我国的大部分企业普遍缺少与大数据技术应用相匹配的专业人才，这样不仅会影响企业投资决策的科学性，还会给企业造成比较严重的经济损失。

（4）缺少市场竞争力。大数据技术的应用在改善企业投资经营管理模式的同时，也对企业在市场中的核心竞争力发展提出了更高的要求。

在大数据背景下，无论是信息传播的速度还是市场的复杂变化情况，都要求企业具有更快的反应速度才能够抓住投资时机，为企业提高市场竞争力谋求更多的机会。一些企业在发展过程中没有把握良好的投资和发展机遇，就会在缺少市场竞争力的同时，阻碍企业自身的发展。

（5）增大企业承受的经营风险。经营风险是企业在开展经营活动过程中不可避免会存在的风险问题，在大数据的时代背景下，企业如果没有拥有良好的市场掌控力，在市场发展趋势的预测、消费者定位等方面存在问题，就会导致企业最终的投资决策存在问题，从而增加经营风险，消耗企业更多的投资成本。

（6）资金储备不足。对于大部分企业来说，融资困难是普遍现象，产品单一、投资渠道少、资金来源不多、对于资金链重视程度不够和盲目地扩张导致资金供应不足，甚至是资金链断裂，严重影响了企业的发展进程。

第三节　大数据背景下企业投资决策的优化

在数据赋能业务的环境下，各企业都可以充分利用计算机程序，以此建立数学模型，从而对不同风险因素进行组合分析，确保企业可以在短时间内，快速甄别出潜在风险并且做到精确的量化分析，进一步实现对投资风险的有效控制。

除此以外，可以根据大数据分析得出的结果设立相应的预警指标和临界指标，提醒决策人员对于风险进行及时预判并做出应对措施。

（1）经济周期的风险控制。许多项目的风险源于投资周期长，尤其是大中型项目。许多建设项目在实际的施工过程中会受到外界经济环境和市场的变化，导致经济投入和产出的比例不成正比。

在这种情况下，企业往往会在条件允许的情况下将其转让，以便节省时间成本，提前获得经济收入。而项目在长期的运作过程中会受到经济环境的影响而导致风险的增加，企业在对因经济周期而产生的风险进行控制的过程中不仅可以通过转让部分控制权或引入新的合作伙伴的形式来降低风险，还要对具有较高商业价值项目的整个运行过程进行实时跟进。低价介入、高价卖出是企业在应对经济周期风险时主要依据的原则，这种原则在实际的应用过程中会受到项目不同阶段的价值影响而采取不同的应对方法和控制策略。

（2）通货膨胀投资风险控制。当通货膨胀发生时，实物投资产生的资本货物及相关金融资产将面临被投资单位实际价格下跌的风险，导致投资收益大幅下降。

例如，预测与投资项目有关的土地和房屋建筑价格的变化、原材料及其他成本的变化规律，分析不确定因素对项目的影响，并在投资中留有储备资金。通常棉花价格大幅上涨时，会影响纺织企业的运作；猪肉价格上涨，将引发食品、餐饮的整体消费水平上升。因此，周期性产业投资要考虑到周边经济环境的影响，一般可以通过套期保值的控制手段来降低价格风险。

具体来讲，企业投资者在利用大数据技术掌握或预测项目相关实物资源存在价格变化的风险时，可按实物市价在期货市场中卖出相应数量的期货合约。其后，若实物资源的市价有所变化，相关期货价格也会随之变动，此时企业在卖出或买入实物的同时，对等量的期货合约进行买入或卖出，便可达到对冲平仓的效果，从而有效缓解价格风险。

（3）适度增加融资渠道。资金链不仅是企业投资的重要保障，也是企业投资的风险源之一，因此在投资决策的早期，首先要制订融资计划，我们必须考虑几个方面：公司是否有稳定的现金流，投资项目能否达到预期的、可观的回报，公司能否在投资过程中增强目前潜在的融资能力。只有按照企业投融资的合理组合，才能保证企业正常有序经营、实现盈利。当然，企业也要实事求是，基于自己的能力进行合理定位，并建立符合自身条件的融资渠道，从而获取一批有竞争力、风险较低的投资项目。

（4）完善管理手段。企业应当加强投资前、投资中、投资后三个阶段的风险管控，提高对投资风险的不确定性和随机性的认识，在投资风险管理领域主动出击，通过有序管理，将风险降至可控范围，避免出现难以承受的经济损失。

通常情况下，企业需要具备较强的管理技能和经验，制定相应的目标和方向，对投资风险因素进行敏感性分析、定性分析和定量分析。除此之外，在对企业的风险投资进行管控的过程中，还可以依据投资影响因素变化的程度和规律来对制度的实施是否有效进行判断。

在应对一些风险问题的过程中，主要可以通过规划求解的方式来对风险进行有效的管控。分析其可能的原因，采取相应的措施加以控制，并尽一切努力改善投资前分析所获得的经济信息和市场信息，从而控制风险因素，减少其影响，与此同时，降低风险发生频率和可能造成损失的问题。

如果要对项目前景进行合理预测，就不能盲目跟风。新兴产业虽然视野广阔，但往往存在诸多不确定性，盲目追求高回报，很可能遭受巨大损失。对此，需要认真完成对合作方能力的评估，及时了解相关市场动态与国家政策。

要想在竞争激烈的市场环境中稳定发展，企业就应该对投资决策进行合理优化。尤其是在如今大数据时代背景下，对于投资相关数据的收集和整理分析尤为重要。这样不仅可以给投资决策提供充分的数据基础，促进企业投资决策力提升，而且能预判投资风险，确保企业自身面对风险有足够的应对能力和措施。

第六章 大数据背景下现代企业财务管理的创新

第一节　大数据背景下现代企业财务管理思维创新

近年来，随着信息技术以及网络技术的不断发展，大数据吸引了越来越多的关注，财务管理改革也刻不容缓。大数据下的财务管理依托于大数据技术，改变传统的财务管理方式，可以为企业创造更多的价值，但财务管理也面临着诸多挑战，财务数据的数量大且繁杂、财务数据处理技术的局限以及财务数据的安全系数较低等，都影响着企业财务管理的健康发展，财务管理创新思维如何应对大数据下财务管理的挑战，成为现代财务管理的难点问题。因此，探索大数据下财务管理的挑战与创新思维，具有十分重要的现实意义。

一、大数据背景下企业财务管理的机遇

大数据背景下企业财务管理发展的机遇，主要表现在三个方面，即提高财务信息的有效性、大幅降低企业财务风险、打破部门间的信息壁垒。

（1）提高财务信息的有效性。提高财务信息的有效性是大数据下企业财务管理的机遇之一。大数据的关键特征就是"海量数据"，挖掘海量财务信息数据，使得数据信息的搜集处理不断深化，有助于找到具有价值的财务信息，提高财务信息的有效性，帮助财务分析和财务决策，从而制定出企业应对市场变化的策略。

（2）大幅降低企业财务风险。大数据下企业财务管理的机遇还表现在大幅降低企业财务风险方面。财务管理本身存在着一定的风险，大数据下企业财务管理，合理的利用大数据技术，对各种数据进行收集、统计并分析，可以找到企业经营活动风险较高的关键点，推进财会工作的优化配置，提前制订事前控制方案，为企业财务科学规划资源，从而大幅降低企业财务风险。

（3）打破部门间的信息壁垒。打破部门间的信息壁垒是大数据下企业财务管理的又一

机遇。大数据下企业财务管理，各部门、各层级数据信息互联互通，各个部门组织架构之间进行了融合与集成，创造性、开放式地解决"信息孤岛"问题，各个部门协作共同分析数据，有利于财务管理工作的顺利开展。

二、大数据背景下企业财务管理的挑战

（1）财务数据的数量大且繁杂。财务数据的数量大且繁杂是大数据下企业财务管理的挑战之一。大数据时代背景之下，财务数据处理和应用工作量较大，海量的财务数据，为财务数据的处理增加了难度，复杂和庞大的数据收集工作，成为摆在企业财务管理面前的一道难题，很难在较短的时间之内分析和处理财务信息数据，提高财务管理的准确性和工作效率显得尤为迫切。

（2）财务数据的安全系数较低。财务数据的安全系数较低对于企业财务部门来讲也是一次挑战。随着网络技术的不断更新和完善，现在很多企业都是用软件代替手工来记账，大数据下财务信息安全意识淡薄，极容易导致财务信息被修改和利用，导致数据计算出现错误，这都是由于财务数据的安全系数较低造成的。因此，探索大数据下财务管理的创新思维势在必行。

（3）财务数据处理技术的局限。财务数据处理技术的局限使得大数据下企业财务管理面临着挑战。目前，在大数据背景下，企业财务管理应用大数据技术，还或多或少的存在一定的局限性，究其原因，主要是因为企业的硬件条件不足，很多企业并不具备大数据分析所需的数据储存条件、数据处理条件。不仅如此，大数据应用的软件也是财务管理的薄弱环节，财务管理软件更新滞后，没有建立超大型的数据仓库。此外，财务人员自身能力有限，不具备大数据分析的专业能力，都使得财务管理在大数据时代面临着诸多困境。

（4）传统的事务型财务管理已无法满足现代企业管理的需要。仅仅做好账务核算，仅仅针对月度或年度的财务报表进行分析，已无法为企业管理层做出及时、准确的决策带来帮助。尤其是在大数据时代，面对大量的数据信息以及各种新技术、新业务模式的冲击，财务管理如果仅仅是"摆数据"，对企业发展和变革来说，是起不到支持作用的。因此，财务管理应该以更主动、更积极的方式来为企业服务，要实现从"事务型"向"经营管控型"的转变，要更加注重数据的及时性，以及财务数据与业务数据的融合。

大数据时代，微博、微信等各类与企业相关的信息，有的看起来很有用，实则与企业没有关联度，有的看起来微不足道，实际却与企业的发展战略息息相关，然而对这些信息进行处理需要耗费相当的人力和物力，而且需要具有财务与数据分析能力的专业人士才能胜任此项工作。

（5）现代企业管理已经不满足于用 ERP 等手段进行事后管理。由于竞争的加剧，以

及对数据时效性的关注，企业管理层更希望得到更富有洞察力、更富有前瞻性的数据和分析。这也将对传统的财务分析模式带来冲击。财务人员对于大数据的整合和分析能力将得到关注和提升，要在繁杂的数据中，去粗取精，化繁为简；能灵活根据管理需求多维度对财务数据进行分析；能运用大数据准确地预测未来的趋势和变化。这些都将给企业经营带来极大的价值。

企业可以利用大数据强大的数据处理功能使财务管理人员脱离繁杂的工作成为可能。企业通过建立数据仓库、数据分析平台，使财务管理工作变得十分高效、流畅，同时财务管理的远程化、智能化和实时化会成为可能。通过对财务信息和人力资源等非财务信息的搜集、整理和分析，大数据可以为企业决策提供强大的数据支持，帮助企业选择成本最低、收入最高、风险适中的方案和流程，减少常规失误，最大限度地规避风险，使得企业的财务管理工作更具前瞻性和智慧性，企业的内部控制体系得以进一步的优化。

（6）实现业务和财务数据的协同。大数据分析是优化配置各个部门、各个子公司人力资源的最佳方案。企业要适应时代之需，应建立新财务模塑，通过分析大数据，可以找到配置各类资源的最佳路径和最便捷的工作路线，从而降低成本、节约资源、提高效率，为企业制订科学发展方案提供依据。为适应新技术所带来的业务模式变化，企业的发展会通过纵向和横向两个维度展开，同时一系列的重组兼并也将会展开。如果这时财务管理依然停留在传统"事务型"的状态，一方面无法对企业实施有效兼并带来价值评估或重组的融资等带来帮助；另一方面，在兼并后，由于企业间的业态差异、管理水平差异等造成整体管理难度加大。因此，如何实现业务和财务数据的协同、下属企业管理需求的统一，以达到企业管理水平的提升，这也是在大数据时代迫切需要解决的问题。

（7）促进财务管理信息的挖掘。在大数据时代背景下，企业获得财务管理信息的主要途径除了传统的财务报表外，利用大数据技术，企业可以从业务数据、客户数据等方面挖掘更多的财务管理信息。

以计算为核心的大数据处理平台可以为企业提供一个更为有效的数据管理工具，提升企业财务管理水平。很多企业对自身目前的业务发展状态分析只停留在浅层面的数据分析和进行简单的汇总信息，在同行业的竞争中缺乏对自身业务、客户需求等方面的深层分析。管理者若能根据数据并进行客观、科学、全面的分析后再做决定，将有助于减少管控风险。

企业在大数据时代的背景下，不仅需要掌握更多更优质的数据信息，还要有高超的领导能力、先进的管理模式，才能在企业竞争中获得优势。除了传统的数据企业平台以外，可建立一个非结构化的集影像、文本、社交网络、微博数据为一体的数据平台，通过做内容挖掘或者企业搜索，开展声誉度分析、舆情化分析以及精准营销等。企业可随时监控、监测变化的数据，开展提供实时的产品与服务，即实时的最佳行动推荐。

企业的创新、发展、改革，除了传统的数据之外，还要把非结构化数据、流数据用在日常企业业务当中，对产品、流程、客户体验进行实时记录和处理。企业可融合同类型数据，互相配合进性分析，以突破传统的商业分析模式，带来业务创新和变革，企业可通过从微博、社交媒体把需要的文档、文章，放进非结构化的数据平台中，对其中的内容进行字、词、句法分析，情感分析，同时还有一些关系实体的识别，通过这些内容，可以帮助使用者获得更加真实的、更具经济价值的信息，股东对企业管理层的约束力得以加强，部分中小企业的融资难问题得以有效解决。

（8）提升财务管理信息对企业决策的支持力度。企业在大数据时代背景下能够获得多维度的海量数据信息，在原来的工作模式中，企业可能无法应对如此繁杂的数据，但在大数据条件下企业可以建立一个大数据预测分析系统，让企业从繁杂的数据监测与识别工作中解脱出来，为企业赢取更多的时间来进行决策与分析。

大数据运用的关键在于有大量有效且真实的数据。一方面企业可以考虑搭建自有的大数据平台，掌握核心数据的话语权。在为客户提供增值服务的同时，获得客户的动态经营信息和消费习惯。另一方面还要加强与电信、电商、社交网络等大数据平台的战略合作，建立数据和信息共享机制，全面整合客户有效信息，将金融服务与移动网络、电子商务、社交网络等密切融合。

另外，大数据时代的到来和兴起也大大推动了企业财务管理组织的有效转型，为企业财务管理工作提供了优化的契机。大数据除了在提升企业管理信息化水平上有所体现以外，还应该成为企业财务管理人员整合企业内部数据资源的有效利器。因此，企业在聚焦财务战略的过程中，企业财务管理人员需要掌握经营分析和经营管理的权力，将企业财务战略管理的范畴扩展到数据的供应、分析和资源的配置，积极推动财务组织从会计核算向决策支持的转型。

（9）提升财务管理信息的准确度。财务报告的编制以确认计量记录为基础，然而由于技术手段的缺失，财务数据和相关业务数据作为企业的一项重要资源，其价值在编制报告的过程中并没有受到应有的重视。受制于技术限制，有些企业决策相关数据并未得到及时、充分的收集，或者由于数据分类标准差异，导致数据整合利用难度大、效率低。因此，相关财务管理信息不准确、不精准，大量财务管理数据在生成财务报表之后便处于休眠状态而丧失价值。

但大数据使得企业高效率地处理整合海量数据成为可能，大量财务管理数据的准确性得以提升。企业目前的困境之一是现有的财务部门的工作人员缺乏信息化数据处理的思维与能力，对大数据技术的认识不足，而相关技术部门的人员虽然具备一定的信息化处理思维能力，但由于对财务管理相关方面理解不到位，导致不能从海量财务数据中提取对企业有价值的信息。因此，在信息技术不断发展的同时，企业要高度重视综合性人才的培养、引进。

财务数据是企业财务管理的核心，大数据时代，财务数据更多的是电子数据，这就需要财务管理人员尽快通过集中处理数据来提取对企业有用的信息，建立企业需要的新的数据分析模型，合理存储和分配财务资源，进而做出最优的财务决策。

（10）促进企业财务人员角色的转变。从企业财务管理的角度分析，大数据为财务人员从记账复核和简单的报表分析向高层管理会计转型提供了机遇。大数据技术能够帮助财务人员破解传统分析难以应对的数据分析难题，及时评价企业的财务状况和经营成果，从而揭示经营活动中存在的问题，为改善经营管理提供明确的方向和线索。财务管理者应清晰认识到，对投资人决策有用的信息远远不止财务信息，伴随着大数据时代的到来，真正对决策有用的应该是广义的大财务数据系统，它包括战略分析、商务模式分析、财务分析和前景分析，它所提供的财务报告应该是内涵更丰富的综合报告，该报告能够反映企业所处的社会、环境和商业等背景的方式，对企业战略、治理、业绩和前景等重要信息进行整合并列示。另外，综合报告中的非财务信息比例增大并进行了准确量化。

在大数据时代，首席财务官（CFO）将在企业价值创造中扮演更重要的角色。其主要职能在于更有效的企业价值分析和价值创造。运用财务云等先进的管理技术，CFO 能对大量的财务、商业数据进行分析处理，发掘出对企业有价值的信息，优化企业业务流程，将资源更好地配置到快速增长的领域，从而为企业创造更大的价值。这要求 CFO 进一步强化对企业经营活动的反应能力、风险控制能力及决策支持能力。

对于一般的财务人员来说，在应对大数据方面，需要更为广泛的数据处理能力作为支撑。大数据时代，财务数据更多的是电子数据，这就要求财务人员更好地掌握计算机技术，能从大量数据中抽取对自己有利的内容并为其所用。日益复杂的财务环境对企业财务管理提出了更高的要求，而培训又是提高员工综合素质最有效的手段，所以企业需要结合自身的实际情况，聘请有经验的专家指导财务管理人员的工作，激发员工的学习积极性，提高财务管理人员的业务能力。

三、大数据背景下财务管理的创新思维

大数据给企业财务管理带来的机遇和挑战，企业财务管理要想在大数据环境下持续发展，必须运用创新思维，实现财务管理工作的飞跃。

（1）创新大数据财务管理系统。大数据时代为提高财务管理工作质量的作用不容小觑，面对财务数据的数量大且繁杂的挑战，创新大数据财务管理系统是大数据下财务管理

创新的关键。大数据背景下，对企业财务管理而言，应帮助企业创建一个标准化的财务平台，通过建立大数据财务管理系统，促进财务管理更加规范化和科学化。

财务人员借助大数据财务管理系统，采集、分析、梳理和评价数据，这样可以从大量烦琐的信息中，有效地获取相关信息数据，准确地评价企业的财务状况，分析当前企业生产运营存在的各种问题，从而准确预测企业和行业的未来发展趋势，对企业生产活动进行管理和调控，实现企业的统一经营和管理。

（2）创新财务数据的处理技术。创新财务数据的处理技术是大数据下财务管理创新的重要环节。为保证企业能够准确地分析数据，在创新财务数据的处理技术方面，要把握好三个关键点：一是提高企业对大数据技术的重视度，加大对企业财务管理硬件投入，如大数据的收集、网络通信、存储、计算设备、可视化、可感知化器件等；二是加速企业财务管理软件更新，可以通过建立新的财务管理体系，加强对网络财务软件的管理，与时俱进进行企业财务管理模式的更新，定期完善、升级并严格评审，确保企业财务管理中大数据技术的前瞻性；三是提高企业财务管理人员专业水平。对企业财务管理而言，建立高水平的大数据财务人才队伍，可以说是企业财务管理的有效保障。

在具体做法上，不仅要积极地引进大数据专业人才，还要对现有的财务人员进行大数据知识的培训，尤其是加强大数据综合处理和应用能力，建设大数据人才队伍，以便大数据技术更好的应用。

（3）创新财务数据的安全管理。创新财务数据的安全管理是大数据下财务管理创新的有效举措。大数据背景下，财务数据置身于开放的网络，对财务数据的安全性予以重视，创新财务数据的安全管理，可谓是财务管理的重中之重。

财务管理人员应提高安全意识，在使用互联网时将安全意识贯穿始终，提高财务安全系数。在具体做法上，一是数据备份必须是手动备份和自动备份相结合。自动备份效率快，即时性强，数据库服务器中有很多的数据库需要备份，为防止数据丢失，利用自动备份的高效便捷完成周期性备份，再定期将财务数据刻录到光盘里面，做好永久性备份，从而确保数据的安全。二是财务人员之间进入软件工作时，必须对数据库中的数据文件加密，并设置相应的权限，明确规划各财务人员的责任。此外，对财务数据的管理要设置专岗专人，一旦发现财务管理中的安全风险隐患，要及时排除，提高财务数据的安全性。

总之，大数据下财务管理创新是一项综合的系统工程，具有长期性和复杂性。在大数据背景下，企业财务管理既要抓住机遇还要直面挑战，重视创新思维的运用，结合企业的实际情况，创新大数据财务管理系统、创新财务数据的处理技术、创新财务数据的安全管理，积极探索大数据下财务管理的创新思维，在技术和组织上进行创新思维，才能最大化发挥大数据在财务管理中的作用，不断提高企业财务管理水平，发展企业、壮大企业，推动企业进行转型和升级。

第二节 大数据背景下无边界融合式财务管理创新

随着大数据管理、社交媒体、移动应用等数字新技术的快速发展，企业在创新管理思想、实施流程再造、完善经营模式、提升管理效率等方面取得了较好的成效。

作为企业管理的重要组成部分，财务管理也迎来了创新性变革，主要表现在战略型财务、融合式财务、精益化财务、信息化财务等方面。大数据时代，财务信息的来源更广、类型更多，需要分析的不仅是传统的结构化财务数据，还包括非结构化的数据库。为了适应大数据等新环境的变化，财务管理的边界在不断拓展，与外部融合的趋势也日益明显。这种融合趋势不仅体现在财务与会计的融合、管理会计与财务管理的融合上，还体现在无边界融合式财务管理创新模式下财务管理与业务经营的融合、产业资本与金融资本的融合等新领域。

借助信息技术的支持，大数据分析能从海量数据中发现规律和预测未来，这将带来社会各个领域的深刻变革，为财务管理的创新提供新的驱动力。大数据的出现使财务管理不再局限于传统的财务领域，而是向研发、生产、销售、人力资源等多个领域延伸和渗透，收集、处理和分析与企业业务有关的重要数据将成为公司财务部门的主导任务。

一、无边界融合式财务管理的提出

大数据时代，随着信息技术的进步和管理理念的发展，企业的内外部边界在不断扩展，财务管理的内涵和外延也在不断扩大。企业的所有部门都必须根据新环境的变化做出调整甚至变革，财务管理也不例外，将体现出多部门、多领域、多学科融合的特点。

（一）无边界融合式财务管理的概念

"无边界管理理念最早是由通用电气原 CEO 杰克·韦尔奇提出，该理论并不是指企业真的没有边界，而是强调组织各种边界的有机性和渗透性，以谋求企业对外部环境的改变能够做出敏捷并具有创造力的反应。将无边界理论具体应用于财务管理领域，再结合融合式财务的特点，将逐步形成无边界融合式财务管理模式。"① 无边界融合式财务管理是以

---

① 何瑛，彭亚男，张大伟. 大数据时代的无边界融合式财务管理创新 [J]. 财务与会计（理财版），2014（12）：60-61.

企业战略为先导，强调财务以一种无边界的主动管理意识，突破现有工作框架和模式，在价值链的各个环节进行财务理念的沟通与传导，形成财务与其他各个部门的融合，促进企业整体价值可持续增长的财务管理模式。无边界融合式财务管理通过将财务理念渗透到生产经营的各个环节，使信息沟通能打破部门和专业的壁垒，提高整个组织的信息传递、扩散和渗透能力，实现企业资源的最优化配置及价值的最大化创造。

（二）推倒财务管理的边界

根据杰克·韦尔奇的描述，企业组织中主要存在垂直边界、水平边界、外部边界、地理边界，这四种边界将对组织职能的实现形成阻碍。要实现无边界融合式财务管理，必须将财务管理的这四种边界打破，然而需要注意的是，此处提到的打破并不是指消除所有边界，而是要推倒那些妨碍财务管理的藩篱。

（1）打破财务管理的垂直边界。财务管理的垂直边界是指组织内部严格的管理层次。传统的财务管理组织架构普遍具有严格的内部等级制度，界定了不同的职责、职位和职权，容易造成信息传递失真和响应时间迟滞，并会导致官僚作风。

无边界财务管理则要求突破僵化的定位，采用一种部门内部的团队模式，上下级之间彼此信任、相互尊重，力争最大限度地发挥所有成员的能力。此外，减少财务部门的管理层次、实现组织的扁平化管理、建立富有弹性的员工关系、营造创新的文化氛围等都是打破财务管理垂直边界的路径。

（2）打破财务管理的水平边界。财务管理的水平边界是指财务部门与其他部门之间的分界线。现代企业的组织结构往往围绕专业来安排，如分成研发部、制造部、销售部、财务部、人力资源部等。

在严格的水平边界下，由于每个职能部门有其特有的目标和方向，都在各自的领域内行使职责，久而久之各个职能部门可能会更多地考虑自身部门的利益而忽视企业的整体目标，甚至会因为互相争夺资源而内耗不断。无边界模式下的财务管理则强调突破各个职能部门之间的边界，使财务部门与其他部门互通信息，实现企业价值链和财务链的同步。如构建不同部门间的工作团队、进行工作岗位轮换等都是对打破水平边界的有益尝试。

（3）打破财务管理的外部边界。自20世纪早期以来，价值链上的大多数企业都一直从独立、分割的角度看待自己的地位，企业间更多的是斗争而非合作。然而如今，战略联盟、合作伙伴以及合资经营的发展速度大大超过了以往任何时候，企业单凭自身的力量已经很难在市场中竞争。

作为企业信息管理最重要的部门，财务管理不能只局限于企业内部分析，还要将财务管理的边界进行外部扩展，实现价值链上的财务整合。如将相关企业的信息变动纳入财务分析系统，为产业链上的供应商和客户提供财务培训等帮助，与合作伙伴互相共享信息、共担风险。

（4）打破财务管理的地理边界。随着企业规模的扩大和全球化进程的加快，企业各个分部的地理位置越来越分散，财务部门的分散也随之形成。而作为整体战略和节约成本的需要，要打破各个地区的财务边界，形成新的财务管理模式——财务共享服务，将企业各业务单位分散进行的某些重复性财务业务整合到共享服务中心进行处理，促使企业将有限的资源和精力专注于核心业务，创建和保持长期的竞争优势。

（三）无边界融合式财务管理的表现形式

第一种，产融结合。指产业资本和金融资本的结合，两者以股权关系为纽带，通过参股、控股和人事参与等方式而进行的结合。目前国内许多大型多元化集团都涉及了金融领域，产融结合已经成为大型企业和龙头企业进行财务管理创新的重要方式。

第二种，业财融合。也称业务财务一体化，是近年来新兴的一种财务管理模式，它体现了业务和财务单位的有机结合，其强调将财务管理理念融入业务活动的全流程中，借助信息系统进行财务治理。

二、产融结合下的财务管理

在不断深化改革、提高金融创新能力的前提下，所有企业必须提高产融结合的步伐，提高企业内部资金配置。然而在产融结合的背景下，企业的资金管理存在着许多问题，例如，对风险的认识和控制手段不成熟，企业内部的融资功能较差，企业内部没有建立起完整的资金管理体系，企业的金融业务独立性欠缺等。这些问题都在很大程度上制约了企业的资金管理效率和质量。

随着近几年来企业规模、经营范围的不断扩大，为了提高内部的资金利用率，降低运营风险，许多企业立足自身建立了相关的财务公司或者金融控股公司，以这些公司为跳板进入银行、信托、证券、基金等行业，实现产业与金融的结合发展。

当前许多大型企业都采用了这种方法加快资本积累速度，提高企业在市场中的竞争力。由此可见，产融结合已经成为当前社会中一种不可阻挡的趋势。但是由于产业与金融行业在运作、经营方面有着较为明显的区别，因此产融结合过程中，不可避免的会产生一些困难。

（一）产融结合背景下的财务管理现状

（1）产融结合中企业对风险的控制能力不足。产融结合所带来的风险非常多，例如，经营风险、财务风险、市场风险等。虽然部分企业在产融结合过程中，已经提高了对风险的重视程度，但并没有形成完整的风险控制体系，导致一旦企业内部出现产融结合风险，不能采取有效的措施降低企业损失。企业对于运营中的风险因素，没有进行深入详细的分析，内部的资金核算、转账没有建立起完整的体系，外部的运营支付风险没有得到良好的控制。还有部分企业无法精确判断内部资金流动性风险，导致产融结合中对于资金风险控制的作用无法得到明显体现，同时也不利于优化内部的资金分配，成员或单位内的资金比例无法得到保障。企业管理人员对于人员或单位的资金分配比例没有一个正确的认识，导致单位内部资金的使用效率和效益无法得到提高，同时也降低了竞争中对对方的风险识别水平，不利于产融结合的推进发展。

（2）企业的融资功能差。融资功能是衡量一个企业产融结合推进质量的前提。但当前的许多企业不能正确认识集团内的贷款业务、结算业务，导致企业内部的融资功能得不到有效开发，因此，降低了融资效率。部分企业在制定战略规划过程中，无法深入了解票据的功能，也就无法从自身出发开拓和发展企业内部的融资业务，导致企业在市场承销管理方面寸步难行。部分企业在研究如何提高融资效率以及融资效率的构成因素时，没有考虑到各种融资方式之间的关联，也就无法提高和扩展融资途径，从而降低了融资效率的提高速度。

（3）资金管理体系不完善。企业内部的资金管理效率也是产融结合质量的重要表现之一。但是许多企业当前无法将资金进行集中管理，导致资金增值成效并不明显。当前许多企业内部已经建立了资金集中管理体系，但在设计过程中，对于资金集中管理的各个方面考虑得并不健全，尤其是企业的内部融资需求，就导致企业的资金链、经营主体的作用无法得到发挥，也就无法对资金集中管理体系的完善和发展提供改进意见。另外一个问题就是企业在设计和完善资金集中管理体系时，没有提高对金融服务标准的重视程度，无法真正体现企业的融资内部需求。资金集中管理体系到目前为止，各大企业仍处于摸索阶段，尤其是在金融服务标准没有形成的前提下，资金集中管理所带来的优势和价值无法被完全开发，同样对企业的产融结合不能提供完整支持。

（4）企业的金融业务独立性不足。在产融结合的背景下，部分企业对于金融业务的开展方式、方法，资本拓展及股权变化仍旧处于不关注状态，这就产生了一种现象是各种金融机构不断涌现，但金融业务却没有完全独立。企业在开展产融结合工作过程中，无法对金融资源进行统筹规划管理，导致金融业务的发展出现混乱、不规范情况，同时也会带来金融资源的调配不合理，产融结合方案不符合当前实际需求的现状。还有部分企业在经营过程中没有对金融进行专业化管理，无法提高金融业务的独立性，也就无法对产融结合方案提供创新、有效的支持。

（二）产融结合背景下企业财务管理的优化

（1）提高企业的风险控制能力。企业必须对内部的财务状况进行详细、完整的分析，特别是内部财务核算、外部资金的运营状况，只有充分了解企业内部资金的调配状况和流动状况，才能提高企业产融结合的效率。企业一定要对产融结合过程中可能会产生的风险进行严格把控，例如，在内部财务核算过程中，企业可以提高监督管理力度，一旦出现，风险产融结合的风险控制方案能够立即发挥作用，降低企业所造成的损失。企业还要提高对流动资金风险的重视，特别是企业内部成员单位的资金分配比例，提高产融结合背景下企业的资金创新。企业的高层管理人员一定要从效益角度分析、制订产融结合的风险控制方案，提高对对手风险的控制分析水平，有效规避产融结合中可能带来的各种风险。

（2）提高企业的融资功能。企业在创新和发展产融结合方案时，一定要对融资可能会产生的各种影响进行详细分析，并提高对融资功能的关注程度，如此一来，既可以完善和发展企业内部的融资功能，又能为产融结合创造新的有利条件，提高产融结合的效率。在分析融资功能的过程中，企业相关人员一定要提高对构成融资功能因素的关注，并分析影响融资功能的各种因素，优化企业融资功能，为产融结合打下坚实基础。企业一定要深入了解票据和债券的功能与作用，并分析市场的承销状态，这是融资功能优化和发展的前提，也是提高企业产融结合的基础。企业还要分析融资功能的分类，并结合外部市场的情况与变化数据，制定和完善内部融资体系，提高企业的融资水平，帮助企业在产融结合中发挥更大的作用。

（3）完善企业的资金集中管理体系。企业一定要详细了解资金集中管理的重要性，从产融结合的背景下制订内部资金集中管理的具体方案，这样既能实现资金增值的目的，又可以改进企业内部资金管理和决策体系，为产融结合创造更加良好的前提条件。首先企业要了解当前的资金决策和管理机制，其次要对资金流动去向和特点有全面的把握，只有这样才能有效优化企业内部的资金管理体系。企业领导人员若想制定资金集中管理体系，要对当前的外部、内部金融环境有一个详细的分析，还要了解企业产业链与经营主体的作用。在建设和完善资金集中管理体系时，工作人员一定要注意金融需求特别是金融服务的标准化。这样能够在很大程度上提高资金集中管理体系的应用和开发。工作人员要了解金融服务标准化所带来的价值，提高资金集中管理的效率。

（4）提高金融业务的独立性。在产融结合背景下，企业一定要对金融业务进行相应的考察与管理，特别是金融业务的独立性。提高产融结合过程中金融业务的独立性，能够实现企业金融投资的创新和发展。在企业金融业务运行过程中，还要加强对控股、融资等因素的关注与重视程度，提高金融业务的规范性，增强金融的专业化程度，为金融资源的多方面开发与发展提供前提条件。企业在运营过程中还要提高对金融业务的整合情况的关注，提高对金融业务的支持程度，确保金融业务的独立性，能够在很大程度上提高产融结合水平。

　　综上所述，产融结合是当前社会中一种不可阻挡的发展趋势。产融结合的完善和发展从一定程度上实现了企业内部的资金优化配置、提高了企业盈利水平、扩大了企业规模等，但同时也在一定程度上为企业带来了相关的负面影响，例如，财务风险、资金管理风险、运营风险等，若没有及时管控好风险，将会对企业的发展带来持续的消极影响。因此企业必须提高风险控制能力，完善融资功能，建立资金集中管理体系等，如此才能更好地在产融结合背景中，实现企业的可持续发展。

三、业财融合下的财务管理

　　业务和财务的融合并不仅仅是简单地将财务人员分派到业务团队中，而是需要以企业前期充分的信息化建设和人才培养为前提，在价值文化的指导下重塑财务流程，对业务全程进行财务管理，通过业财联动为管理层提供决策支撑，并在合理有效的绩效考核下对业财团队进行监督和激励，使所有的活动都贯穿价值文化理念，最终确保企业战略目标的实现。业财融合下的财务管理体系如图 6-1 所示①。

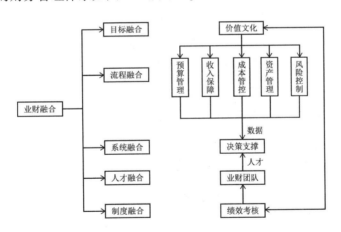

图 6-1　业财融合财务管理体系

（一）以价值文化为驱动的目标融合

　　企业的财务管理目标经历了从利润最大化、股东价值最大化向企业价值最大化的演变。业财融合模式下，企业所有的管理活动仍要以价值最大化为目标，将战略管理与财务

---

① 张大伟. 大数据时代的无边界融合式财务管理创新 [J]. 财务与会计（理财版），2014（12）：60-63.

管理紧密结合，更加注重财务目标的高度和远度。

财务文化作为财务管理的文化精髓，在管理实践中所显现的导向、凝聚、激励、约束、协调、教化等作用，是推动财务管理进步的强劲动力。在价值最大化目标下，财务文化也应凸显价值观念。因此企业要以价值文化为驱动，在业务活动和财务活动中都以追求价值为目标实现融合，使业财融合对公司战略推进和业务发展的决策支持与服务功能得以充分发挥。

（二）以业务流程为纲领的流程融合

业财融合最主要的特点就是将财务触角深入到公司经营的各个方面，因此需要重塑财务流程，实现全业务流程的业财联动，保证业务信息和财务信息的及时转化。在业务流程中，预算是一切活动的开始，预算与业务流程的融合能够制订出更切实可靠的预算方案；收入是业务流程的核心，通过梳理各个业务环节所涉及的收入点并绘制收入风险地图，能够监控收入全程，保障收入实现；成本管控与业务流程的融合则更能体现精益财务的思想，借助信息系统能够对成本发生点进行监控，并及时调整资源的分配；资产是一切经营活动的基础，资产管理与业务流程相结合能够获取更详细、准确的资产使用和需求状况；风险控制与业务流程的融合则更加满足了全面风险管理的要求。从预算管理、收入保障、成本管控、资产管理、风险控制等多个角度出发，能够全方位管理企业经营活动，为管理层提供决策支撑，成为企业财务价值管理和风险防御的有力保障。

（1）预算管理。业财融合下，企业应将预算管理建立在提升企业价值的基础上，建立基于价值链的全面预算管理体系。

首先，要求以战略为导向，将具有长远性和综合性特征的战略目标层层分解，落实到具体的业务规划以及具体的责任中心和经营期间，使战略目标具有可操作性。其次，预算管理要紧紧围绕价值活动中的增值活动，寻找增值作业的关键驱动因素，将企业关键资源配置给增值作业。再次，预算管理不仅要覆盖价值链中的每个环节，更要体现不同活动之间的业务逻辑，强调业务驱动预算，从而实现预算的闭环管理。最后，预算管理要适合企业的经营环境和价值链上的各项活动的动态变化，并及时修正预算或业务活动，保证战略目标的顺利实现。

（2）收入保障。收入是企业价值实现的源泉，收入保障是围绕流程和数据进行监测、分析、控制、改进的一系列活动，找出业务流程、系统功能、组织架构等方面可能导致收入流失的风险点，并采取相应的改进控制措施，使收入流失最小化。

业财融合下的收入保障更具现实意义，业财团队通过细化业务中的财务问题，开展业财风险诊断工作，能够挖掘公司收入链条里的"失血点"，通过持续优化业务管理流程与系统支撑能力，有效解决收入"失血"问题，最终防范收入流失、保障公司价值的实现。

（3）成本管控。近年来，诸多企业已逐步从以市场扩张与收入提升的成长期过渡到注重效益与创新发展的成熟期。为使企业持久保持核心竞争力，必须通过加强成本管理，贯彻实施低成本高效的运营策略。

业财融合下的成本管控凸显了精细化的特点，使成本管理贯穿于企业的各项业务活动和管理活动。在财务人员深入了解业务活动的业财融合过程中，能够对业务成本进行细化，迅速找到成本松弛点，进而对成本管控提出合理建议。此外，受益于业财融合的信息化建设，各级业务和财务部门依托成本分析共享平台，行动更加协同。

（4）资产管理。公司整体资产管理水平关系到公司资产的利用效率，对资产的有效管理是提升企业价值的重要方式，例如，提高固定资产管理效率能够增大企业的投入产出比；而对金融资产的管理更是能够使企业直接从金融市场上获利。在业财融合实践中，财务人员能深入价值链的各个环节，了解到企业的资产状况，有利于提高资产使用效率，也能够为资产购置和资产投资提供建议。

（5）风险控制。在内部控制已经由合规型内控、管理型内控向价值型内控（全面风险管理）演变。业财融合不仅要求财务在发挥会计监督职能过程中与业务部门紧密协作沟通，对发现的问题及时传递给业务部门整改，更要求业务和财务协同处理跨部门、跨地市的风险问题，有效推动风险问题的整改与解决。业财融合下的风险管理体系应该以业财人员为风险管理主体，以价值异常变动为风险着眼点，以价值保障为风险管理目的。

（三）以决策支撑为中心的系统融合

企业的财务状况和经营成果直接反映了企业的经营管理状况，为企业未来规划提供决策依据。但是传统的财务管理体系仍然存在诸多弊端，业财融合下的系统融合则强调通过企业信息系统建设实现决策支撑功能，通过业务数据化提升财务管理的重要性表达。

在促进业财系统融合时，应该通过全面梳理和优化现有财务和业务系统，支撑业务数据自动生成财务数据，使财务数据能够穿透追溯到业务数据，实现业务财务数据顺畅流转及全面共享，为价值管理进行量化评估提供数据平台。

（四）以业财团队为基础的人才融合

业财融合的实施需要专业的业财团队来完成，团队中的业务人员需要具备相应水平的财务知识，财务人员要具有主动获取需求和深入分析并持续推动的能力、全面的财务知识、较强的宣讲技能和沟通技巧，并且要具备很好的主动思维能力和团队协作精神。

为了打造优秀的业财团队，企业可通过举办各种技能培训、读书会、内部技能认证等方式来加强人才培养，从而保障业财融合工作的顺利进行。

（五）以绩效考核为激励的制度融合

业财融合下的制度融合强调建立合理有效的绩效考核制度，为业财团队的高效运作提供监督和激励作用。业财团队分别接受来自财务部门和业务部门的双向领导，因此也应受到这两个部门的双向考核，这种双向激励的政策有助于业务财务人员深入业务，真正从业务单位的角度思考问题，提供符合业务单位需求的财务支持。

综上所述，无边界融合式财务管理响应了大数据时代对财务管理的要求，为财务管理创新提供了系统化的发展路径。基于此，企业需要不断优化和创新自己的财务管理体系，尝试打破部门和专业壁垒，推行业财融合等新模式，从目标、流程、系统、人才、制度等多维度完善体系，使财务管理全程参与企业经营的整个过程，为管理者提供多维度、精细化的财务支撑信息，从而增强企业的价值创造能力。

第三节　大数据背景下现代企业财务管理智能化发展

在大数据时代，财务数据也从以前的单一记录整理而得出变成人工为主和网络相结合得出的多元化工作模式。在这样的背景下，财务智能化发展成为当前企业财务管理转型和创新发展的必然选择。财务智能化能帮助财务管理人员及时获取需要的信息，处理人工解决不了的问题，也能在大数据技术的借助下为各行各业提供科学、合理的财务数据。这就要求当前的财务管理人员要对自己的业务熟记于心，认真做好自己的本职工作，还要具备良好的信息素养，这样才不会被时代淘汰。

一、现代企业财务管理智能化发展的特点

（1）共享性。现代大数据技术所具有开放性、全面性与共享性等特点，在我国各行各业发展中得到了充分利用。在现代大数据技术下的财务管理也逐渐改变了单一化管理模式，进而促使财务人员可以通过计算机网络开展财务管理工作，从而促进企业财务管理工作效率的提升，确保企业财务管理工作的有效开展。同时，企业内部的人资、物资等部门的所有数据不再通过公司财务人员手写记录，而是借用计算机系统网络进行储存、分类。换句话说就是如今的电子文档代替了之前财务部门工作人员整理出的纸质资料。其中最大的好处就是不用在一堆纸质书刊里寻找自己想要的数据，一个网络便足以连接企业财务部门数据审查的通道。这样财务人员不仅获得更多有用的外部信息，也促进了信息传播区域的增加。

（2）业务范围扩大。就企业财务管理工作而言，财务管理人员只需按照管理目标与管理对象加以确定，财务管理工作难度也会降低许多。而随着现代大数据技术不断引入企业财务管理应用之中，现在大多数行业都实现了自动化办公操作，所以财务管理人员也不会跟原来的财务工作人员在同一个地方工作，不仅将系统操作人员和财务人员的岗位相结合。与此同时数据库的出现也打破了财务信息账本管理单一化的祥和画面，这样财务人员也慢慢注重人员岗位和现代计算机网络的联系，从而促进企业财务管理工作更加高效，让信息交流范围得到扩大，也有利于促进业务范围与财务管理空间的扩大。

二、大数据背景下现代财务管理的智能化发展挑战

（1）数据来源广，可信度不高。在传统的财务管理工作中，企业内部财务数据主要由财务部门手工整合，且环环相扣，每一步都有相应的负责人监督。而在基于大数据的网络环境下的财务管理工作中，数据管理工作的每个环节的相互独立，严重阻碍了企业财务管理工作的开展。

尽管现代化财务管理工作在数据来源广的基础上提高了管理工作的效率与质量，但数据的参差不齐容易造成数据的遗漏与虚假。因此，无论是过去的企业财务管理工作还是现在的财务工作都应人工完成数据录入工作，以确保数据的真实性与可靠性。其次，相关数据表明，很多发达国家也开始使用财务智能软件来帮助企业的管理者提供准确科学的决策依据。由此，在这种形势下，财务数据覆盖范围也会逐渐扩大，从而导致很多数据的可信度难以得到完全保障。

（2）财务监督机制不完善。对于现阶段大部分中国的大小型行业来说，还未建立一个比较完善的财务管理、财政监督服务部门，即便有些行业已经完全建立了财政监督管理机构，但是其监督职能并不能很好地发挥出来，部门级的设置形同虚设，导致部分行业的财务监督管理力度明显不足。

在企业的监督建设工作小组开展实际工作过程中，监督指导小组工作人员资格选取并不能真正做到公平、公正、公开，导致各行各业的财务管理的监督工作小组并不能真正、充分发挥其自身应有的财政监督指导作用，财务管理在大数据的背景下有点混乱。比如，一些财务部门的负责人直接自己掌握财政监督大权，这样不仅会严重的损害和影响到全体职工的合法权益，企业的经济利益也得不到有效的保障。因此，如何建立健全财务管理的监督机制也是促进智能化财务管理的重要途径之一。

（3）数据出现盗窃或丢失的情况。虽然智能化财务管理给各行各业的人们的生活与工作上带来了极大方便，让信息及时传递到需要的人手中，财务管理人员的工作压力也得到

一些释放。让在大数据环境下的企业财务管理工作的效率和质量得到很大提升。

但是，财务管理数据在上传的过程中被修改、盗用，这样企业的损失将是难以想象的。由于网络世界具有虚拟性、开放性，不法分子为了自身利益会通过一些不良途径获取数据，盗取企业的机密。而传统模式下由于数据一般是用纸质版保存，成功避开了这个缺点。从这一点来看，大数据时代企业智能化财务管理出现的问题也不容小觑。

（4）财务管理人员素质不高。"所谓智能化财务管理系统，主要是基于计算机及网络数据处理系统等设备，由它自己主动且不受任何干预完成记账、算账和报账等数据管理工作。"[①] 但是人们反应的速度跟不上信息变化的速度，因此这些东西的改变时常让财务管理人员手足无措。但由于很多财务管理人员自身专业知识储备能力不足与工作经验缺乏，在处理财务管理工作的过程中不能采取针对性的措施解决问题，从而引发企业财务管理工作失误，影响企业财务管理工作效率。由此，我国企业应在利用现代大数据技术的过程中提高财务管理人员的专业素质，通过开展定期培训等形式，丰富现代化财务管理内容工作，进而促进我国企业智能化财务管理工作的健康长远发展。

三、强化财务管理智能化发展的策略

（一）提升管理人员的计算机技术应用能力

一个企业财务管理工作系统想要顺利运行，那么全面、科学、可靠的财务数据是必不可少的。这些数据包括很多方面，财务及经营方面是企业进行财务管理工作的重要环节。由此，在实际的企业财务管理工作中，企业财务管理部门才能更好地发挥作用。

现代大数据技术的作用，主要通过招聘计算机技术应用能力较强的技术人员充当财务管理人员的形式，提高企业财务管理人员的综合能力。因此，在现代企业智能化财务管理的过程中，财务管理人员一方面要针对企业财务管理工作出现的问题采取针对性的管理措施，提升财务管理工作质量；另一方面，财务管理人员还应利用专门的信息管理软件。细致核对公司账本数据，从而确保更好地发挥现代大数据技术的作用。

财务管理人员的专业素质水平高低，直接影响着财务管理的工作水平。这就需要每个企业的相关负责人要加强对财务管理人员的日常业务培训和理论自学，使其理论知识和专业技能不断得到发展、更新、补充、拓展和提高。同时还要加强企业财务管理人员的思想、政治、法律的理论知识学习，使广大财务管理人员真正学法、懂法、守法。

随着当前金融经济改革的进一步深化，各行各业的财务管理业务也在不断发生变化，

---

① 陈静. 大数据背景下财务管理的智能化发展探究［J］. 今日财富，2021（10）：181-182.

更加迫切地要求企业加强针对财务管理人员相关业务培训，不断强化和提高人员业务素质，才能真正做好当前智能化财务管理的相关工作。

（二）利用大数据技术推行财务公开

相关负责人应该严格按照财务公开管理项目，做到全体职工和领导人应该都知道的财务公开，尤其是对企业重点项目资金投资、资金理财等重大财务事项公开要严格实行公司的财务管理制度，借助大数据技术定期公布最近一段时期企业财务收支预算情况。年底坚持定期与不定期财务公开相结合的方式，常规财务工作按次公开，重大财务事项及时公开。公开发布方式以网站公开栏发布为主。公布的财务内容一定要完整，做到财务摘要项目明白，用工项目清楚，往来业务项目明细，使全体领导以及职工对每项财务收支都清楚明白，切忌随意隐瞒财务收入与其他支出。

财务管理人员在利用大数据平台对这些数据进行管理和维护的过程中，可以有效预防黑客攻击，从而确保信息储存环境不遭到破坏。因此，只有加强财务信息流通与沟通工作、基于现代大数据环境下的企业财务管理工作，才能实现创造性转化、创新性发展，进而提升企业财务管理工作效率。

综上所述，在当前我国特色社会主义法治市场经济的蓬勃发展中，我国各个地区的企业都应该通过多元化途径改革创新当地的财务管理模式，以推动我国财务管理工作效率的不断提高。而财务管理人员作为我国现代智能化财务管理工作的服务主体，还要相应地不断加强学习财务管理知识与业务技能，提高自己的综合专业素质与财务管理水平，推动智能化财务管理相关工作持续高质量健康地发展，最终实现我国智能化财务管理的良性循环发展。

参考文献

［1］曹惠玲，戴军. 基于云会计的企业筹资管理探究［J］. 财务与会计，2015（20）：69-71.

［2］陈丽娟. 浅述"云会计"技术对企业财务决策的影响［J］. 财会学习，2017（1）：108.

［3］程平，赵敬兰. 大数据时代基于云会计的财务共享中心绩效管理［J］. 会计之友，2017（4）：130-133.

［4］崔舒雯. 基于财务风险防范的企业管理体系构建［J］. 全国流通经济，2021（18）：163-165.

［5］樊燕萍，曹薇. 大数据下的云会计特征及应用［J］. 中国流通经济，2014，28（6）：76-81.

［6］高芳艳. 探究大数据背景下财务岗位的财务共享管理应用实践［J］. 质量与市场，2021（24）：46-48.

［7］谷良，张守文. 大数据背景下企业财务管理的挑战与变革［J］. 财务研究，2015（1）：59-64.

［8］郭超. 基于云会计的中小企业投资决策研究［J］. 财会通讯，2021（10）：150-153.

［9］韩紫轩，徐鹿. 大数据对企业投资决策的影响及对策［J］. 财务与会计，2019（16）：73.

［10］何瑛，彭亚男，张大伟. 大数据时代的无边界融合式财务管理创新［J］. 财务与会计（理财版），2014（12）：60-63.

［11］黄建蓬. 云计算与中小企业会计信息化［J］. 科技广场，2013（10）：148-151.

［12］黄娟. 财务管理［M］. 重庆：重庆大学出版社，2018.

［13］黄丽，黄天齐. 大数据下财务管理的挑战与创新思维［J］. 企业管理，2018（1）：114-116.

［14］黄迈，杨亦承. 基于大数据时代下的云会计发展［J］. 今日财富，2016（7）：34-36.

［15］寇海炜. 大数据环境下企业的财务管理挑战与变革［J］. 商场现代化，2018（8）：139-140.

［16］李超. 关于企业财务风险管理的探讨［J］. 中国集体经济，2021（36）：124-126.

［17］李景肖. 大数据背景下企业投资决策研究［J］. 投资与合作，2020（8）：27-29.

［18］李严. 金融投资企业财务风险管理和应对对策分析［J］. 中外企业文化，2021（9）：39-40.

［19］卢静静. 大数据时代财务管理创新问题的探讨［J］. 上海商业，2021（12）：121-123.

［20］吕橙，易艳红. 云计算在会计信息化建设中的 SWOT 分析［J］. 管理信息化，2013（4）：103-104

［21］吕岚. 大数据背景下企业投资决策研究［J］. 投资与创业，2021，32（14）：1-3.

［22］吕文，程兰兰. 财务管理［M］. 武汉：华中科技大学出版社，2017.

［23］毛华扬. 海量数据带来会计变革［N］. 中国会计报，2013-06-07（13）

［24］南京晓庄学院经济与管理学院. 企业财务管理［M］. 南京：东南大学出版社，2017.

［25］农敬萍. 企业财务管理风险影响因素及管理方法分析［J］. 财经界，2021（28）：122-123.

［26］彭翠，李云芮. 基于大数据背景探究中小企业财务管理的创新策略［J］. 上海商业，2021（12）：132-133.

［27］宋玉敏. 云会计在企业会计信息化中的应用［J］. 经济，2017（1）：309-310.

［28］孙美芝，唐殿飞，宫晓平，等. 大数据时代云会计应用及推广的思考［J］. 中国商论，2019（23）：22-24.

［29］王韶君，李素娟，郭晓玲. 大数据背景下企业财务管理创新研究［J］. 金陵科技学院学报（社会科学版），2019，33（1）：37-40.

［30］王玥雯. 新时代大数据的概念及应用研究［J］. 江苏科技信息，2021，38（8）：21-24.

［31］许雯君. 大数据背景下企业财务会计向管理会计转型分析［J］. 上海商业，2021（12）：130-131.

［32］姚树春，周连生，张强，等. 大数据技术与应用［M］. 成都：西南交通大学出版社，2018.

［33］虞冰. 大数据时代基于云会计的中小企业投资决策［J］. 营销界，2019（38）：191-192.

［34］张齐. 大数据财务管理［M］. 北京：人民邮电出版社，2016.

［35］张学惠，张晶. 企业财务管理［M］. 北京：北京交通大学出版社，2014.

［36］郑菡芬，邵晓雅，龚玥柳，等. 我国云会计发展存在的问题及对策［J］. 行政事业资产与财务，2016（4）：48-49.

［37］朱秀梅. 大数据、云会计下的企业全面预算管理研究［J］. 会计之友，2018（8）：96-99.

［38］陈静. 大数据背景下财务管理的智能化发展探究［J］. 今日财富，2021（10）：181-182.